百习而见商学院系列
瓮春春 主编

HR
招聘技能
实操全案

中小企业HR
如何做好招聘配置

瓮春春　王珊珊　冯雪美 ◎ 著

HR
Recruitment
Skills
Practical Solution

中国法制出版社
CHINA LEGAL PUBLISHING HOUSE

前言

人力资源管理的起源逻辑

人力资源管理的核心，是通过各种对人的研究和实践，充分发挥人的价值，为组织服务，创造组织需要的价值。因此人力资源的核心，从底层逻辑上讲，是研究人心、人性、需求和欲望。

整个人类社会的发展，实际上就是人心、人性、需求和欲望的发展。

商业的本质是等价交换，是由不同时期，不同场合，不同境况下，不同的人基于不同的价值观、思维模式、行为习惯，而延伸出的不同需求和欲望之间的交换。

没有需求，就没有交换；没有交换，就没有商业。

比如，智能机的普及，实际上仅仅是在时代大背景下，由于物质文明的发展而使得人产生的一种新的精神需求。

因此，整个人类的发展，人力资源的核心逻辑，实际都是基于马斯洛需求延伸出的，核心逻辑就是研究人和有效运用人，为组织和个人需求、欲望服务。

人类发展的不同阶段，延伸出一系列的物质和精神需求，为了更好地满足需求，产生了三类不同的解决方案。

一、纯物质的解决方案

如解决饥饿需求的食物，解决寒冷需求的衣服等。

二、纯精神的解决方案

如解决技能需求的授课，解决无聊需求的聊天等。

三、物质+精神的解决方案

如解决面子需求的婚宴（美食+荣誉），解决空虚需求的游戏（平台+机制）等。

随着需求越来越多样化，资源和分工也越来越多样化，为了更好地协同和充分运用好"人"这种资源，因此产生了专门研究"人"这种资源的学科——人力资源管理。

实际上，人力资源管理仅仅是管理学的一种。管理学会对人、事、资源等进行合理有效的计划、组织、协调、控制、监督、实施、改进。人力资源管理，主要是对"人"这种资源的合理有效的计划、组织、协调、控制、监督、实施、改进。

万变不离其宗，因此，人力资源管理本质上是一门研究和有效运用人心、人性、需求、欲望为主体的管理学科。脱离了管理，甚至把人力资源管理凌驾于整个管理学之上的做法，实属本末倒置，以偏概全。

显而易见，人是管理的核心资源，却不是全部资源。学过逻辑学的人应该明白，人力资源管理隶属于管理学的关键部分，与管理学是从属关系，一部分又如何能凌驾甚至替代整体呢？这是很荒诞的逻辑，这也是为何许多科班出身的人力资源从业者，真实人力水平还不如运营部门负责人的水平高，因为他们的眼睛只盯着"人"，而忽略了与人相关的其他资源之间的协同关系，久而久之，片面地拔高和割裂了人力资源，导致思维陷入固化的陷阱，同时又缺乏对人性的深度洞悉，喜欢停留在研究方法论和操作工具层面，丢失了人力资源管理的根本之道。

根据此逻辑可以得出，真正的管理学大师，一定是人力资源管理大师。但是传统的人力资源管理大师可能只是管理学高手，不一定是管理学大师。

| 前 言 |

人力资源水平的划分逻辑

一直以来人力资源管理的等级段位没有一个很明确的划分，今天笔者就基于对上百万名HR的接触观察，根据任职资格标准的基本逻辑，从以下几个维度进行评估划分出HR的学徒6级和高手9段。

维度一：工作内容

人力资源从业者在组织内部承担的职责越多、越高，水平要求就越高。

负责战略的HR决策者和负责管理的HR管理者，以及负责执行的HR实施者，水平要求各不一样。

维度二：管理幅度

人都是独一无二的，组织内的人数越多，人心、人性、需求、欲望就越多，人力资源管理的工作量和复杂度，在不同人的四类要素排列组合下，呈几何倍速增长，同样的工作内容，对人力资源管理水平要求也就越来越高。

10000人的企业和500人的企业，同样都是HRM，由于涉及的人员数量不同，导致问题数量也不同，对HR人员的能力要求明显不同。

维度三：管理难度

除了数量，组织的目标要求越高（经营指标），人员分类越复杂，同样事情下，人力资源管理的难度就越来越大，对人力资源管理水平要求也就越来越高。

年营收千亿元的公司和年营收十亿元的公司，对HR人员的能力要求明显不同。而人员类别单一的公司和人员类别复杂的公司，对HR人员的能力要求明显又不同。

维度四：管理业绩

组织在不同时期，不同难度，不同幅度，不同内容下，人力资源管理者承担的职责难度也不同，而在这些情况下，把人力资源工作做出同样的业绩，对能力的要求也是不一样的。

招聘同样的岗位/数量，在资源匮乏的公司完成，和在资源充足的公司完成，对 HR 人员的能力要求明显不同。在初创期的公司完成，和在成熟期的公司完成，对 HR 人员的能力要求又不同。

维度五：体系高度

一套体系包含四个核心要素：

道：大道至简，有一套能解释领域内所有现象的底层逻辑规律。

法：有一套根据底层逻辑规律延伸出来的，适合所有现象问题解决的指导型方法论。

术：有一系列根据指导型方法论延伸出来的，适合问题解决的操作技巧。

器：有一系列承载操作技巧的标准化的操作工具模型。

做同样的事情，不同的认知高度，思维模式，行为习惯下呈现出的方式不同，凸显出 HR 人员的水平也不一样。复制他人工具执行完成的，和思考创立自己工具执行完成的 HR 人员的水平明显不同。而创立操作工具的和创立方法论的，HR 人员的水平又明显不同。

目 录
CONTENTS

第一章　招聘问题分析思路

004 ｜ 第 1 节　招聘难题的核心误区
006 ｜ 第 2 节　招聘难题的识别之道
015 ｜ 第 3 节　招聘难题的分析之法
019 ｜ 第 4 节　招聘难题的破解之术
022 ｜ 第 5 节　招聘工作的两个类别

第二章　岗位工作分析操作细则

028 ｜ 第 1 节　工作分析的主要用途
031 ｜ 第 2 节　工作分析的涉及要素
033 ｜ 第 3 节　工作分析的操作方式
036 ｜ 第 4 节　一张表搞定工作分析

第三章　快速进行岗位工作分析的实操方法

046 ｜ 第 1 节　快速分析法的使用情景
050 ｜ 第 2 节　快速分析法的操作步骤
061 ｜ 第 3 节　快速分析法的四大原则

第四章　招聘"真"需求三要素的挖掘方法

068 ｜ 第1节　招聘需求不明确

070 ｜ 第2节　招聘需求识别的三大维度

072 ｜ 第3节　招聘数量需求分析的思路

079 ｜ 第4节　招聘交期需求分析的思路

080 ｜ 第5节　招聘质量需求分析的思路

083 ｜ 第6节　招聘质量需求挖掘的六大技巧

085 ｜ 第7节　做好试用期管理和日常关怀

第五章　有效招聘渠道开发的五个操作步骤

092 ｜ 第1节　招聘渠道选择的四大误区

095 ｜ 第2节　招聘渠道选择的两个核心

097 ｜ 第3节　招聘渠道开发的三大途径

104 ｜ 第4节　招聘渠道衡量的三个维度

106 ｜ 第5节　招聘渠道维护的三个核心

第六章　筛选有效简历三要素的操作技巧

114 ｜ 第1节　简历筛选的两类错误

115 ｜ 第2节　简历筛选的三大维度、九个要素

121 ｜ 第3节　简历筛选的一个核心

123 ｜ 第4节　面试邀约话术

第七章　面试甄选五维度的操作方法

132 ｜ 第1节　确保招聘有效性的两大维度

| 目 录 |

| 135 | 第 2 节　人员符合性
| 137 | 第 3 节　面试判断人员符合性的五维度与十要素
| 140 | 第 4 节　如何构建适合自己的面试问题库
| 142 | 第 5 节　稳定性评估的四个维度
| 145 | 第 6 节　面试核心专业技能的有效方法
| 147 | 第 7 节　面试时间的把握
| 149 | 第 8 节　人岗匹配的方式

第八章　面试薪酬谈判实操手册

| 154 | 第 1 节　选好你的"菜"
| 158 | 第 2 节　低薪招聘砍价的七种武器
| 161 | 第 3 节　HR 自毁形象的三类陷阱

第九章　校园招聘规划操作细则

| 168 | 第 1 节　校园招聘战略定位
| 171 | 第 2 节　校园招聘人力规划
| 178 | 第 3 节　校园招聘渠道开发
| 181 | 第 4 节　校园招聘方案策划

第十章　专场校园招聘会实施步骤

| 192 | 第 1 节　招聘前精心准备
| 196 | 第 2 节　招聘中的有效演绎
| 202 | 第 3 节　招聘后完美跟进

第十一章　非专场校园招聘会实施步骤

- 208 ｜ 第1节　招聘前精心准备
- 213 ｜ 第2节　招聘中有效演绎
- 218 ｜ 第3节　招聘后完美跟进

第十二章　"95后"实习生人才保留的实操技巧

- 224 ｜ 第1节　实习生的特点
- 227 ｜ 第2节　四阶段留住"95后"实习生

- 243 ｜ 附录1：人力资源学徒六级和高手九段划分表
- 246 ｜ 附录2：人力资源——招聘与配置技能评鉴表

- 247 ｜ 后　记　人力资源学徒九级和高手十段

第一章

招聘问题分析思路

第一章 招聘问题分析思路

说起招聘难题，你的脑海中是否会闪过以下一些场景：

"好多岗位要招，人在哪里呢？"

"已经发布了招聘信息，还是没有人投递简历，愁人。"

"邀约了很多人面试，个个拒绝我。"

"面试了很多人，满怀希望能有人入职，但最终还是被放鸽子。"

……

到底是什么原因呢？

招聘任务繁重、工资不高、环境差、渠道又不多，即使再努力，也会被用人部门指责。

如何破解上述招聘中的难题？如何招到合适的人呢？

第1节

招聘难题的核心误区

做招聘的时候通常会遇到以下几个问题：

不知道候选人在哪里；岗位信息更新后无人投递简历；大量候选人以各种理由推脱面试；面试无数，需求部门却以各种理由表示他们不合格；候选人同意面试后，却放面试官鸽子；好不容易有合适的候选人入职后，却又离职。

- 不知道候选人到底在哪
- 岗位信息更新后无人投递简历
- 大量人员找各种理由不来面试
- 面试人员不符合需求部门要求
- 同意面试后大量人员放面试官鸽子
- 入职后大量人员快速流失

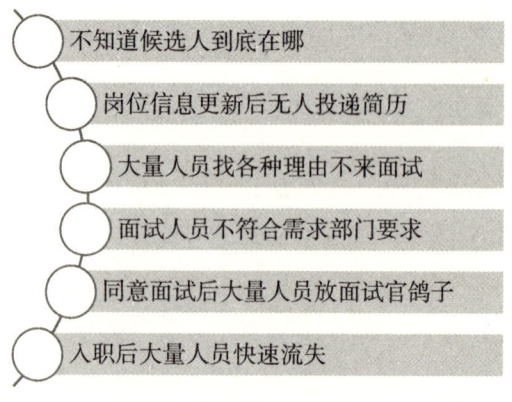

图1-1　常见的招聘问题

以上几点最终导致用人部门不满，招聘部门没有业绩，有苦难言。

真的没有办法邀约到人吗？真的没有破解的方法吗？真的完不成任务吗？招聘官真的要"背黑锅"吗？

```
• 钱少                               • 人少
• 事多       公司原因    市场原因      • 人"刁"
• 离家远                             • 位置偏
• 环境差            ┌─────┐          • 行业冷
• 没发展            │误以为│          • 经济差
                   └─────┘
• 无工具                             • 要求高
• 无模型    HR专业原因  用人部门原因    • 要求严
• 无流程                             • 要求急
• 无套路                             • 要求多
```

图 1-2　常见招聘误区

有部分 HR 误认为招不到人是因为公司给出的薪资福利低、工作量大、公司人文环境差、没有竞争力、平台不够好、上班时间不合理。

有部分 HR，误认为招不到人是因为求职人员少、现在的人"刁"、公司地理位置偏远、国家的整体经济状况不好。

有部分 HR，误认为招不到人是用人部门的原因，用人部门的需求太乱、自己都不清楚要招什么样的人、对人员要求高、无理要求多等。

还有一部分 HR，误认为招不到人是 HR 专业的原因，认为没有方法、没有工具、没有模型等才是招聘工作无法顺利开展的核心，例如招聘流程"太烂"、没有好的话术等。

其实以上这些都不是招聘难的根本原因，当目光都聚集在主观问题上时，即使用人部门把条件放宽、经济环境有所好转，也还是招不到合适的人，到底什么才是招聘难的真正原因呢？

根据问题分析与解决的逻辑，只需要按步骤厘清问题的脉络，就能识别出招聘难的真正原因。

第 2 节

招聘难题的识别之道

一、识别招聘问题

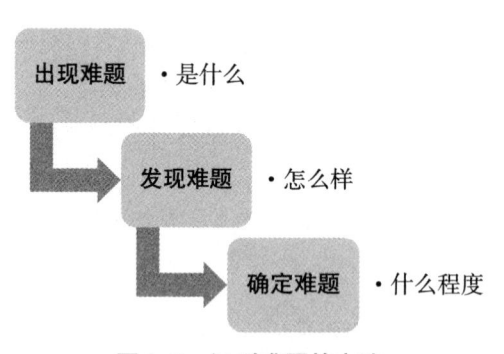

```
出现难题 • 是什么
   ↓
  发现难题 • 怎么样
     ↓
    确定难题 • 什么程度
```

图 1-3　识别难题的方法

（一）出现难题

遇到难题时，要先确定难题是什么。具体到招聘中就是要确定为什么会招不到人、为什么没有人投递简历、面试后为什么没有人入职、为什么入职后最终会离职等。

（二）发现难题

之后，要把发现的问题逐一罗列出来，并进行排序，确定哪些需要重点关注、哪些不需要重点关注。例如，因为要尽快招到人、吸引人来公司面试，所以最需要关注的是约到人。

（三）确定难题

要想解决一个问题，就必须要确定问题的症结所在。例如，邀约成功率低，低到什么程度？问题难，难到什么程度？

二、描述招聘经过和结果

当我们确定好难题的程度后，就可以开始解决难题，而要想真正解决招聘中的难题，就要秉承以下三个原则：

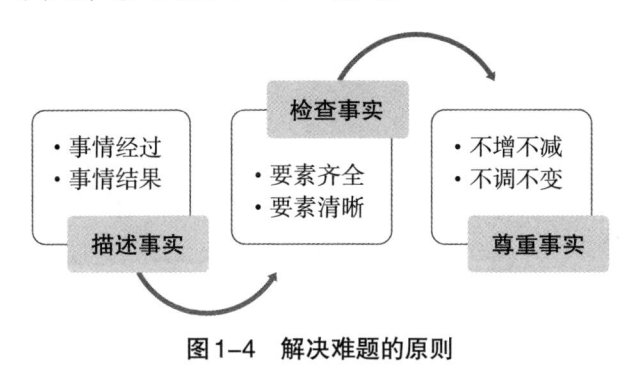

图1-4 解决难题的原则

（一）描述事实

即把事情的经过描述出来，把招聘的经过、结果描述出来。例如，最近一个月打了多少电话、约到了多少人、最终面试的人有多少等。

（二）检查事实

当我们把经过、结果描述完后，就要检查两个点：要素是否齐全、要素是否清晰。例如，假设问题是电话邀约率不足，那么就要具体描述一共打了多少邀约电话？在什么时间段打的？用了哪些方式、话术？

把所有用到的话术全部罗列出来，开始讲了什么、中间讲了什么、最后讲了什么,分析是在什么环节被拒绝的。

检查事实时一定要仔细,不能一笔带过,既要全面又要细致。如果做不到要素齐全和要素清晰,后面分析问题的时候会很被动,因为我们无法从这些信息当中识别出有效的、想要的关注信息,并识别出问题的真实原因和它的改善方向。

(三)尊重事实

即对于整个事实的经过实事求是。例如,将问题直接记录为:"我觉得邀约率很低,我觉得流失率很高。""大家都觉得薪资低,大家都觉得地理位置偏远,大家都觉得福利待遇差。"

以上的三个原则秉承了 5W2H 的思维,力求客观、清晰地描述事情的经过和结果。

案例智库

某公司安环部部长岗位,一直没有招聘到合适的候选人。此前,该公司主要在 A、B、C 等网站发布招聘信息,近 1 个月内投递简历的匹配度非常低,不到十分之一。通过关键词搜索简历后,共搜索到 50 余份简历,发现能够与岗位相匹配的简历不足 5 份。分析原因,在于行业相关性小。

三、三维度描述招聘工作

对于整个招聘工作来讲,我们应该从哪几个维度入手,描述存在的问题?

```
        招聘环节
       ↙      ↘
   招聘信息 ⟷ 招聘要素
```

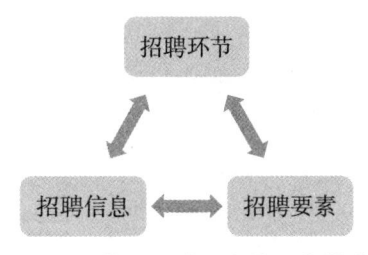

图1-5　描述招聘工作的三个维度

（一）招聘环节

关注招聘的所有环节：了解需求、分析需求、发布职位、筛选简历、邀约面试等。

（二）招聘要素

关注招聘的所有要素。招聘的工具有哪些？招聘的常用表单有哪些？招聘邀约的话术有哪些？我们对这些有没有准备？

（三）招聘信息

关注招聘的所有信息，包括岗位发布信息是否有问题、沟通话术是否有问题等。

通过对以上问题的分析可以找到招聘难题的源头，也就是前面提到的——问题难到什么程度、问题出现在哪个环节？

四、招聘工作全流程

整个招聘工作可分为13个环节。

工作分析 | 需求分析 | 需求确认 | 计划制订 | 方案制订 | 渠道开发 | 岗位发布 | 邀约面试 | 面试甄选 | 薪酬谈判 | 报到跟进 | 试用管理 | 人才维护

图1-6　招聘工作的13个环节

（一）工作分析

基于工作分析，得出公司各岗位的人工效能、能力要求、工作重心等。

（二）需求分析

根据工作分析，结合用人部门的招聘需求及对候选人专业知识的要求，具体进行公司的招聘需求分析。

（三）需求确认

确认招聘的数量需求、时间需求、能力需求、成本需求。

（四）计划制订

确认招聘需求后，要盘点公司现有的资源，根据招聘的目标和流程制订招聘计划，确保招聘目标达成。

（五）方案制订

确定招聘目标后，就需要进行目标分解，制订招聘方案，包括什么时间做哪些事情、涉及谁、分别做到什么程度、什么时候完成、执行人是谁、负责人是谁等。

（六）渠道开发

完善招聘方案后，就要进行招聘渠道的开发，包括对新渠道的开发和对现有渠道的选择和维护，确保招聘目标达成。

（七）岗位发布

开发完招聘渠道后，就要在现有渠道上进行岗位发布，让人了解岗位需求。

（八）邀约面试

筛选简历，邀约合适的候选人面试。

（九）面试甄选

进行线上面试和线下面试。为节约时间，前期可以是线上面试，后期再进行线下面试。

（十）薪酬谈判

与候选人沟通薪资条件、公司提供的平台，确认对方是否愿意入职。

（十一）报到跟进

如果候选人答应入职，要进行报到的跟进。为了了解候选人的其他想法，要随时用电话、短信或微信等方式沟通报到时间。

（十二）试用管理

候选人入职后要进行试用期管理，包括新员工入职培训、关怀、试用期考核等。

(十三）人才维护

包括直接候选人资源维护和招聘渠道的维护。

在整个流程中，工作分析环节属于前置工作，即使没有招聘需求，工作分析也是非常必要的，它可以帮助HR人员了解公司岗位工作的重心，以及进一步明确岗位主要职责以及对于岗位在职人员的能力素质要求。

案例智库

想要清楚地发现招聘的问题出在哪里，就必须要用好一张表——"招聘面试工作任务完成记录表"。这张表将招聘各个环节的工作进行数据转化，让大家对问题一目了然。

第一章 招聘问题分析思路

表1-1 招聘面试工作任务完成记录表

	筛选简历量	电话沟通量	同意面试量	初步邀约成功率	实际面试量	实际邀约成功率	同意入职量	理论到岗率	实际入职量	实际到岗率	试用期留职量	试用期留职率
	100%	80	筛选简历精准率	50%	电话邀约话术	60%	面试匹配及求职需求精准	40%	面试跟进及时性	33%	面试准确性	50%
	30	24	12	21.43%	72	100%	2.9	0	2.4	0	1.2	0
2018/1/8	15	14	3	27.27%	3	100%	0	66.7%	1	33.33%	1	100%
				0	5	100%	2	0	0	0	0	0
				54.55%	4	66.7%	8	100%	0	100%	0	0
				10%	1	100%	0		1		1	100%
							1					

013

上表中的每个环节都涉及转化率的问题，它的作用是以终为始，分析问题和解决问题。如果不是很明确自己的招聘问题在哪里，可以通过这张表进行倒推，也可以通过这张表倒推，制作招聘计划。

　　这张表可以给出招聘问题所在的大致方向，但还无法解释试用期留职率低的原因是试用期管理中的何种问题，且无法解决。接下来我们进入更深入的分析。

第 3 节

招聘难题的分析之法

试用期留职率太低,应该怎么分析、从哪些地方分析呢?

时间	数值	原因
·每天 ·每期	·目标 ·现状	·汇总分类 ·总结分析

图 1-7　留职率分析维度

一、从时间上衡量

对每天、每期的招聘情况进行盘点。比如,每天有多少人离职?每个阶段有多少人离职?

二、从数值上盘点

盘点目标和现状的数值。例如,规定的试用期留职率是 50%,实际的试用期留职率是 30%,实际值低于目标值,表示出现了问题。

三、从原因上分析

汇总分类,总结分析。哪些岗位留职率低?哪个岗位影响招聘的整体进度？例如，招聘5个岗位，4个岗位的留职率都合格，甚至高于目标值，但是有1个岗位，招一个，流失一个。那么就要重点关注这个岗位，分析它的留职率为什么没有达标。

案例智库

为了进一步分析招聘难题，可以用"招聘面试工作时间分配表"做好每天招聘工作的盘点，此表也是招聘工作的必备表单之一。在每个时间节点明确做哪些事情，有助于发现问题及改善问题。

表1-2 招聘面试工作时间分配表

序号	任务	目标值	开始时间	结束时间	执行人	×月×日	×月×日	×月×日	×月×日	×月×日
1	筛选简历及电话沟通	3	8:30	9:30						
2	筛选简历及电话沟通	3	9:30	10:10						
3	组织面试	2	10:10	10:30						
4	筛选简历及电话沟通	4	10:30	11:30						
5	筛选简历及电话沟通	3	13:30	14:30						
6	组织面试	3	14:30	15:00						
7	筛选简历及电话沟通	4	15:00	16:00						
8	其他事项（入职准备、考勤、销售端数据统计等）									

案例智库

候选人同意来公司参加面试后，可以用"招聘情况登记表"详细了解面试及后续环节的问题。

第一章 招聘问题分析思路

表1-3 招聘情况登记表

序号	电话日期	姓名	联系电话	邀约的面试日期	邀约的面试时间	邀约的职位	是否参加面试	未参加面试原因	实际面试日期	初试人	初试结果	复试人	复试结果	是否来报到	报到日期	不报到原因	人员来源	备注
1	2016/9/7		—	2016/9/8	9:00—9:30	PHP	是		2015/9/8		合格,考虑中						A网站	
2	2016/9/7		—	2016/9/8	14:00—14:30	Web前端工程师	是		2015/9/8		不合格						A网站	
3	2016/9/7		—	2016/9/8	14:00—14:30	见习城市经理	否	未知									B网站	
4	2016/9/7		—	2016/9/8	14:30	城市经理	否	非自投不考虑									B网站	
5	2016/9/7		—	2016/9/8	14:30	见习城市经理	否	具体时间待定									B网站	
6	2016/9/8		—	2016/9/8	14:30	见习城市经理	是		2015/9/8		合格		合格	否		已找到工作	B网站	
7	2016/9/8		—	2016/9/8	15:30	见习城市经理	是		2015/9/8		合格		合格	否		已找到工作	A网站	
8	2016/9/8		—	2016/9/9	10:00	见习城市经理	否	已找到工作									B网站	
9	2016/9/8		—	2016/9/9	10:00	见习城市经理	是		2015/9/9		不合格						B网站	

续表

序号	电话日期	姓名	联系电话	邀约的面试日期	邀约的面试时间	邀约的职位	是否参加面试	未参加面试原因	实际面试日期	初试人	初试结果	复试人	复试结果	是否来报到	报到日期	不报到原因	人员来源	备注
10	2016/9/8		—	2016/9/9	10:00	见习城市经理	是		2015/9/9		合格		合格	否		不考虑销售	A网站	
11	2016/9/8		—	2016/9/9	10:30	城市经理	否	距离远									B网站	
12	2016/9/8		—	2016/9/9	14:00	见习城市经理	是		2015/9/9		合格			否			C网站	
13	2016/9/8		—	2016/9/9	10:00	Web前端工程师	是		2015/9/9		合格,考虑中						A网站	

后期要及时与候选人保持沟通,以防人员流失。

第 4 节

招聘难题的破解之术

一、招聘问题解决步骤

瞄准问题 → 分析问题 → 找到原因 → 给出对策

- 不偏离
- 不臆测
- 不发散

- 不扩大
- 不偷懒
- 不设限

- 不武断
- 不抱怨
- 不急躁

- 不含糊
- 不拖沓

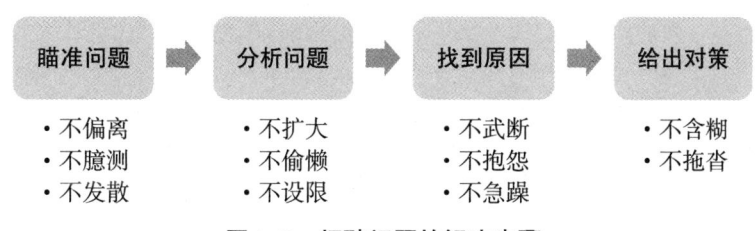

图 1-8 招聘问题的解决步骤

（一）瞄准问题

不偏离、不臆测、不发散，明确到底要解决什么问题，不能发散到其他问题。

（二）分析问题

不扩大、不偷懒、不设限，不无限延伸客观原因。碰到问题，要深入分析挖掘，分析时不要设限。

（三）找到原因

不武断、不抱怨、不急躁，找到问题的真正原因。不要轻易判断分析出的原因是否真实，要先进行验证反问：假设这个问题解决了，招聘问题是不是就解决了？假设这个问题无法解决，招聘问题是不是一直存在？不能急躁，须知心急吃不了热豆腐，着急反而会影响问题的分析。

（四）给出对策

不含糊、不拖沓。当出现问题时，不仅要给出对策，还要分析对策是否可行。

如果发现招聘中有很多问题，切忌一次解决所有问题，一次只专注解决一个问题点。问题在不断的解决中，会越来越少。

二、招聘问题分类与解决

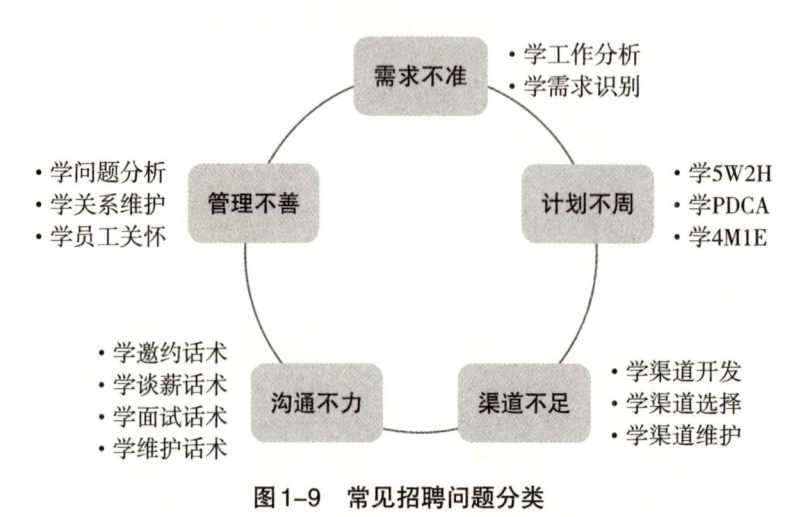

图1-9 常见招聘问题分类

针对常见的招聘问题，笔者进行了分类，并分别给出了对策。

（一）需求不准

作为一名合格的招聘工作者，应学会作工作分析，做好岗位需求分析与识别。

（二）计划不周

当招聘计划不周密时就要学会用 5W2H、PDCA、4M1E 这三个工具。5W2H 是计划盘点的要素；PDCA 是管理方式，计划、执行、检查、改进；从 4M1E，即人机料法环，通过分别考虑问题、分别制订计划，确保招聘计划和招聘方案要素齐全。

（三）渠道不足

针对渠道不足的问题，要学会渠道开发、渠道选择、渠道维护。

（四）沟通不力

要学会邀约话术、谈薪话术、面试话术、维护话术等。整个招聘工作的过程，就是不断沟通的过程，一个不会沟通的招聘工作者是不可能把工作做好的。

（五）管理不善

为了找到招聘难题的解决路径，要学会分析问题与解决问题、学会维护与用人部门的关系、学会维护与上级领导的关系、学会维护与候选人的关系，还要学会关怀员工。

第 5 节

招聘工作的两个类别

在做招聘工作时，一定要做好人岗匹配，不同性质的岗位和处在不同发展阶段的公司，要匹配不同的人。

一、按职业族特点匹配

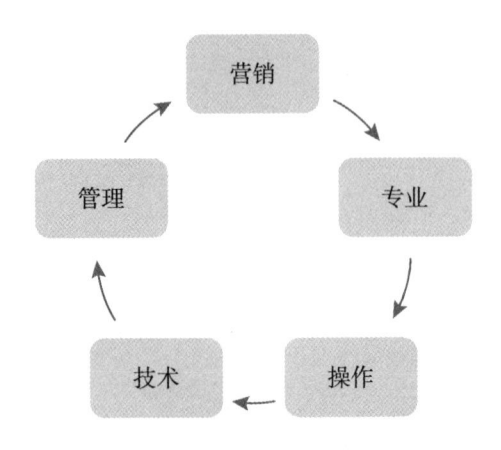

图1-10　按职业族特点进行人岗匹配

（一）营销类

市场推广、客服、销售等岗位上的人的特点是有冲击力、对收入的渴望很强烈，不谈太多收入以外的事，更关注实际的综合收入。

（二）专业类

采购、财务、人力资源等岗位上的人的特点是比起收入，更关注自己的专业能不能得到发挥。

（三）操作类

一线业务、保洁、保安等岗位上的人的特点是更关注稳定性和收入。

（四）技术类

有技术要求的，如编程、工程师等岗位上的人的特点是重视薪资待遇，也重视专业能否得到发挥。

（五）管理类

行政管理岗位上的人的特点是比较专注于平台和未来发展。

二、按企业所处发展阶段匹配

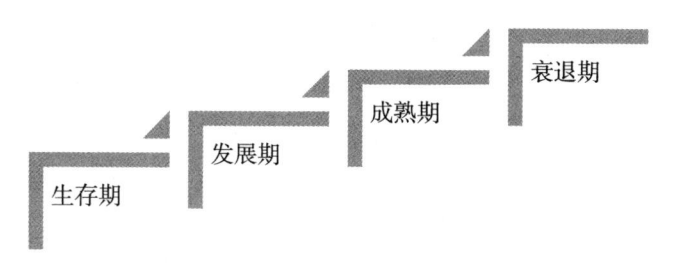

图1-11 按企业发展阶段进行人岗匹配

（一）生存期

企业特点：机会多、发展空间大。
适合人群：内部推荐、有"野心"的人、愿意拼搏的人。

（二）发展期

企业特点：公司变化大、管理较为混乱。

适合人群：经得起变化、喜欢变化的人。

（三）成熟期

企业特点：公司发展稳定。

适合人群：追求稳定的人。

（四）衰退期

企业特点：公司处于变革期。

适合人群：喜欢挑战的、喜欢进行二次变革的人。

综上所述，做好招聘难题需要注意以下几点：

1. 客观、清楚地描述问题。

2. 对照招聘的全流程，找出招聘问题出现的位置（有可能是n个环节）。

3. 详细分析每日／每期招聘环节的数据，找出出现问题的根本原因。

4. 招聘问题的常见原因有需求不准、计划不周、渠道不足、沟通不力、管理不善五个。要对照原因清单，去拟定相应对策。

5. 要做好招聘工作就一定要做到具体问题具体分析、具体工作具体解决、具体岗位具体匹配。

第二章

岗位工作分析操作细则

第二章 岗位工作分析操作细则

说起工作分析，你的脑海中是否会闪过以下一些场景：

用人部门就只管狮子大开口地要人！要人！要人！完全不管HR是否来得及招聘……

"巧妇难为无米之炊，我的业绩没完成，但HR部门该给的人不给我，我能有什么办法……"

"HR招的都是什么人？！人是够了，但各种新手菜鸟，本来就很忙，还得花时间教这些新人……"

"HR招的都是什么人，能力挺强，但一个个心高气傲，没一个服从安排的，这也不想做、那也不想做，下次招人，眼睛放亮点……"

"HR平时怎么做的企业文化？福利薪资这么低，把好员工都逼走了，谁来干活……"

HR对需求岗位的工作内容不清楚、部门间相互推诿、工作中没有担当、培训之后解决不了问题、想做绩效考核但没有依据……

以上问题都是什么原因引起的呢？其实这一切都源于没有做好人力资源的基础工作：工作分析。

工作分析应该怎么做？如何才能做好工作分析？工作分析的内容应该包含哪些？工作分析有哪些用途？本章将让你更清楚地了解工作分析的操作细则。

第 1 节

工作分析的主要用途

工作分析，顾名思义，是对工作进行分析，从人力资源管理实践的角度讲，是采用科学的方法，对岗位承担的全部工作进行全面调查与研究的过程。

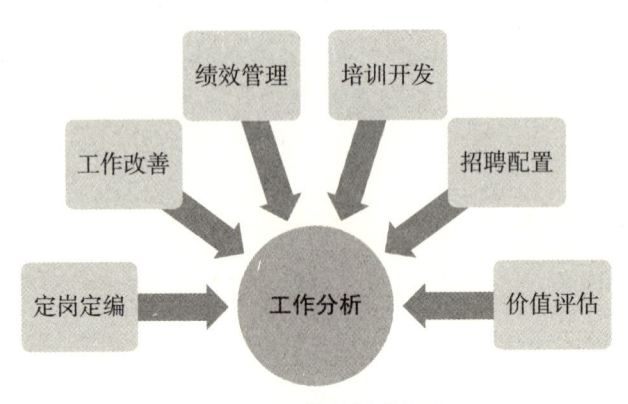

图 2-1　工作分析的用途

一、用途一

定岗定编，对每一个岗位进行分析，得出具体的工作时间标准，计算该岗位的实际工作饱和度，用以指导公司的人力配置。

二、用途二

工作改善，分析具体的工作流程和工作时间标准，根据方法研究和时间研究的原理，清晰衡量出某个人在岗位上的整体工作效率是否达标；如果不达标，则可以分析其工作的每一个细项，一一比对，细究原因。

三、用途三

绩效管理，绩效考核的指标来源于工作岗位的责任。好的工作分析可以帮助公司进行基于工作流程、工作时间、作业方式、作业工具等的绩效考核。

四、用途四

培训开发，基于岗位完成工作所需要的专业知识和专业技能，可以画出本岗位的实际学习地图、得出上岗培训需求，以及培训需要达到什么目标等。

五、用途五

招聘配置，通过工作分析，可以得到招聘的数量需求、目前用人部门各岗位的工作饱和度、招聘的质量需求、目前用人部门各岗位实际需要掌握的必备知识技能、招聘的交期需求、人员是否可以灵活配置等。

六、用途六

价值评估，岗位的贡献度、难度、市场价值、岗位待遇等，都可以通过工作分析得出。

做工作分析时，可以先从 HR 部门自己开始。业务部门最反感 HR 的一点就是："HR 总是对我们部门的事情指手画脚，自己部门的事却做得不怎么样。"

"HR部门自己都看不准人、招不来合适的人，还经常要求其他部门主管面试要准。HR部门自己的绩效管理都不到位，结果却总是抱怨其他部门不配合。HR部门自己制定的员工手册不遵守，被执勤人员抓住后各种开后门，却要求其他部门人员必须遵守。HR部门自己的离职率居高不下，解决不了，却还埋怨其他部门的离职率高。HR部门自己的人员能力迟迟提不上来，公司安排培训，自己却计算是不是占用了我的时间，还指责其他部门主管培训工作没做好、不配合。"等这些是常见的业务部门对HR部门的诟病。

为了彻底扭转HR部门在其他部门眼中的形象，做工作时需要先做好自己部门的工作，再要求其他部门，这样才有可能化解其他部门对HR部门的埋怨和不服气。

第 2 节

工作分析的涉及要素

做好工作分析可以从以下几个方面入手。

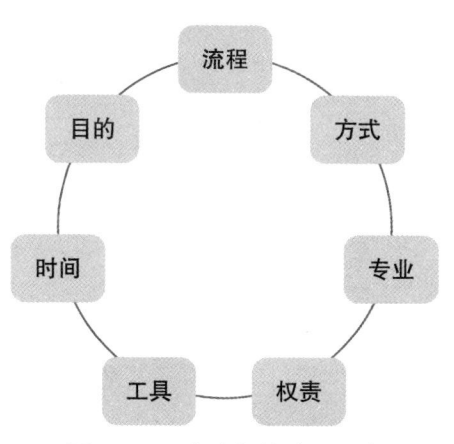

图2-2 工作分析的涉及要素

一、工作流程

分析此岗位开展工作的先后顺序是什么、有多少个步骤和环节。

二、工作方式

分析此岗位每个流程步骤主要做什么、具体怎么操作等。

三、专业要求

分析此岗位每个步骤的工作、需要具备的专业知识（公司知识、行业知识、政策法规等）、专业技能（通用技能、专项技能）、专业知识（绩效管理办法、试用期考评管理办法、各岗位工作标准、各岗位基本的业务流程及相关知识、公司整体流程、公司企业文化）、专业技能（文件编制技能、OA 系统操作技能、办公软件使用技能、IF 函数使用技能、问题分析与解决技能、沟通技能、绩效异常处理技能、绩效标准制定技能、改进计划制订技能、员工访谈技能、绩效考核技能、项目管理技能）等。

四、权力职责

分析岗位在每个步骤中具体承担的职责、需要拥有的权力，确保权责一致。

五、工作工具

分析岗位为完成每个步骤的工作分别需要使用到的必备工具（电脑、OA 系统、Office 办公软件、电话、计算器、其他普通办公用品）等。

六、工作时间

分析岗位在固定的周期内完成每项步骤实际需要花费的单次时间、频率、总时间。

七、工作目的

分析岗位基于工作职责，要达成的结果、实现的价值。例如，实现公司、部门、个人的绩效目标；选出试用期符合公司要求的人员；完成主管交办的其他杂事等。

梳理完毕如何来操作工作分析呢？本章第三节的内容将为您详细讲解。

第 3 节

工作分析的操作方式

一、工作分析方法

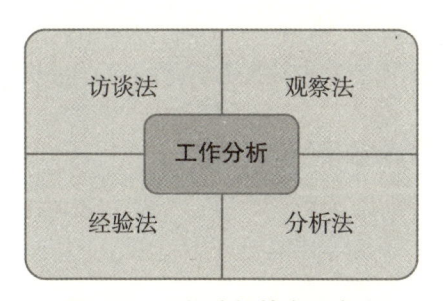

图 2-3　工作分析的主要方法

（一）访谈法

一次邀请一名在岗人员访谈，同时要求其直接主管在场。首先，提前设计有效的访谈问题。其次，通过访谈了解其工作内容，具体到什么时间做什么事情、如何做的，做好记录。访谈的时候确保不遗漏问题。

（二）观察法

一次观察一名在岗人员，进行全天候观察、记录，对记录进行总结、梳理、提炼。例如，观察、分析对象一天做了哪些事情、怎么做的、分别花了多长时间。观察的对象需要具备可参考性，观察事项确保不遗漏，保证观察时间的准确性。

（三）分析法

预先建立标准工作分析模型，有前瞻性地评估、测算新岗位的工作分析。例如，对以往的技术类岗位进行工作时间的分析，分析其与现在的岗位相比，区别在哪里。

（四）经验法

基于大数据经验，可以快速匹配分析80%以上的企业和岗位。如果拥有数据库，还可以对新增岗位进行直接分析和匹配。

在以上四种方法中，访谈法最普遍、实用。观察法是对访谈法的验证和补充，要着重运用访谈法和观察法进行工作分析。

二、访谈法的注意事项

为了体现出对比性，要选择在该岗位上表现优秀、中等、较差的三个人。

为了对分析内容进行补充、完善和验证，需要被访谈者本人的主管在场。

为了识别访谈过程中的谎言，访谈内容要提前设计。

访谈中，对不确定的内容，要通过多次追问"为什么"，评估内容的真实性、是否存在异常、是否符合逻辑。

三、观察法的注意事项

观察时，要耐心、细心，了解被观察者具体做了哪些事情、是在什么时间做的、做了多长时间、怎么做的、做到了什么程度、做这些事情需要什么样的权力、承担什么责任。

做好记录，观察被观察者的工作状态是否正常，如果不正常，记录后再寻找其他人进行评估。

在选人的时候，为了方便后期进行对比和验证，应选择在该岗位上表现优秀、中等、较差的三个人，如果该岗位只有一人，可以多观察几遍。

掌握以上四种方法后，如何来落实工作分析呢？

第 4 节

一张表搞定工作分析

下面以绩效管理岗位为例，谈谈具体如何进行工作分析。

下表是对人力资源管理部门中的绩效管理岗位进行的工作分析。

主要工作职责：负责公司的绩效管理。

要达成的效果：做这些事情的目的有哪些、工作内容完成的目的是什么。例如，引导员工工作行为、促进员工能力提升、发现企业优秀人才、确保个人、部门及公司绩效目标的实现、保持企业的竞争优势。

怎么做：是指工作流程，也就是说为了实现工作职责的结果，具体包含哪些工作事项，需要一一罗列。例如，月度/季度绩效考核数据汇总通知发布、解决在月度/季度绩效考核中各部门提出的问题、绩效数据及结果审核、绩效数据及结果纠正、绩效信息汇总、绩效信息整理存档、绩效数据稽核、绩效结果面谈、了解员工工作状态、绩效考核指标持续改进。这些内容也可以从主管处获取，作为补充和纠正。

专业知识：是指为完成工作流程需要具备的专业知识。例如，在绩效数据及结果审核、绩效数据及结果纠正工作中需要具备绩效管理办法的知识，在了解员工工作状态工作中需要具备"各岗位工作标准"的知识。

表 2-1 工作分析模型表

部门：人力资源管理部　　　　　　　　　　　　　　　　　　　岗位：绩效管理

序号	工作职责	分析维度 达成什么效果	怎么做	专业知识	专业技能	承担什么责任	需要什么权力	需要的时间	发生频率	总时间(min)	备注
1	负责公司绩效管理	引导员工工作行为，促进员工能力提升，发现企业优秀人才	月度/季度绩效考核数据汇总通知发布	无	无	及时性	发送全体员工邮件权	5分钟/次	1次/月	5	
2		确保个人、部门及公司绩效目标的实现，保持企业的竞争优势	解决月度/季度绩效考核与各部门提出的问题	《绩效管理办法》	问题分析技能	问题解决的时效性/合理性	绩效考核问题解决策权	10分钟/次	8次/月	80	
3			绩效数据及结果审核	《绩效管理办法》	无	及时性/准确性	结果审核权	90分钟/部门	10部门	900	
4			绩效数据及结果纠正	《绩效管理办法》	问题分析技能沟通技巧	准确性	考核结果建议权	20分钟/次	15次/月 10部门	300	
5			绩效信息汇总	无	无	准确性	信息整理权	5分钟/部门	10部门	50	
6			绩效信息整理存档	无	无	准确性	信息存储权	20分钟/部门	10部门	200	

续表

部门：人力资源管理部　　　　　　　　　　　岗位：绩效管理

序号	分析维度 工作职责	达成什么效果	怎么做	专业知识	专业技能	承担什么责任	需要什么权力	需要的时间	发生频率	总时间（min）	备注
7	负责公司绩效管理	引导员工工作行为，促进员工能力提升，发现企业优秀人才，以及公司绩效目标的实现，保持企业的竞争优势	绩效数据稽核	各部门"绩效目标管理表"	问题分析技能	准确性	绩效问题修订权	10分钟/100人	3000人	300	
8			绩效结果面谈	《绩效管理办法》	沟通技巧	面谈有效性	面谈权	30分钟/人	15人/月	450	
9			了解员工工作状态	各岗位工作标准	员工访谈技巧	信息准确性	员工访谈权	30分钟/人	20人/月	600	
10			绩效考核指标持续改进	岗位知识	改进计划制订技能	合理性	绩效指标修订权/改进计划指导权	30分钟/部门	10部门	300	1、结合公司价值导向管理状态，正确理解和解释公司考核标准的内涵 2、掌握考核设计主要原则和方法，并组织培训 3、正确理解考核原则和方法，并组织培训

专业技能：是指为完成工作流程需要具备的专业技能。例如，在绩效数据及结果纠正中需要具备"问题分析"和"沟通技巧"的技能，因为只有具备这些技能，才能做好绩效数据和结果纠正的工作。

承担什么责任：是指为完成工作流程的内容，应承担的责任。例如，月度/季度绩效考核数据汇总通知发布，需要"及时性"，只有及时，才能做好数据的汇总。

需要什么权力：是指为完成工作流程的内容，应拥有的必要权力。例如，发送全体员工邮件权。不是所有人都有邮箱，也不是所有人都有对全体员工发送邮件的权力，为了便于绩效工作的顺利开展，要为绩效管理工作者开通发送全体员工邮件的权力。

需要的时间：做某项工作需要的时间。例如，正常情况下编辑一个邮件需要多长时间？发送一个邮件需要多长时间？对于难以衡量、评估用时的工作事项，应通过逆向提问法确定时间：首先问对方最长用时和最短用时分别占的比例；其次将这个比例去除，追问、确定中间值范围；再次根据中间值范围取平均程度值；最后和对方确认。

使用工具：是指做好某项工作需要用到的仪器、设备、材料等。例如，邮件需要用电脑才能发送。

发生频率：是指某项工作发生的频次。例如，月度/季度绩效考核数据汇总通知发布，要一个月一次地向全体员工发送邮件。

总时间：是指完成某项工作，一段时间内所需要的总时间。例如，在绩效数据及结果审核里，一共要对10个部门进行这项工作绩效数据审核，每个部门90分钟，那么需要900分钟可以完成这项工作。

案例智库

问题一：应在什么样的环境和条件下做访谈？

答：选择安静的环境，选择该岗位分析对象及相关人员进行访谈。

选择与分析岗位中优秀、中等、较差的三位被访谈人员沟通，与被访谈者的领导沟通。

问题二：访谈中需要的工具有哪些？

答：涉及设备、仪器、资料等。

问题三：做这项工作需要的权力有哪些？

答：因为要交流与询问，所以需要拥有询问权、知晓权，如果不询问，肯定得不到工作分析需要的内容。

问题四：需要承担的责任有哪些？

答：做工作分析这项工作，需要保证分析内容的准确性。

问题五：为了做好工作分析，需要具备哪些专业知识和专业技能？

答：专业知识为工作分析的知识，专业技能为沟通技巧。

问题六：做这项工作需要多长时间、每个月需要做几次？

答：一般一次30分钟至45分钟，频次根据岗位的数量来定。

综上所述，用好工作分析表需要注意以下几点：

1. 工作分析一定要基于目的、流程、工作方式、专业知识、技能、权责、工具、时间进行。

2. 做工作分析要从5W2H、5WHY和4M1E出发，深入分析和盘点。

3. 访谈时切记内容要全面，回答可以互相印证。

4. 不仅要从被访谈者处获得材料，还要从被访谈者的主管处获得材料。

5. 在分析的时候，对于标准性的工作可以凭借经验评估，对于非标准性的工作，则需要用逆向提问的方式分析。

6. 访谈结束后，需要对每项工作内容进行确认。

第三章

快速进行岗位工作分析的实操方法

| 第三章　快速进行岗位工作分析的实操方法 |

说起快速进行岗位工作分析，你的脑海中是否会闪过以下一些场景：

"年底了，领导要求做人力规划。没有方向，如何做人力规划？"

"用人需求部门要求紧急招人，但是对需求岗位不了解，用人部门需要用什么样的人？用多少人？现有员工的工作效率如何？需要申请什么权限？需要什么样的工具？承担什么责任？如果这些都不清楚，就无法招到合适的人。"

"新人入职需要培训，但不清楚需要培训哪些知识、哪些专业技能、培训到什么程度，如何考核、管理？又该从哪些方面着手提高现有员工的能力？"

上一章讲了详细的工作分析方法，但在实际应用中往往会碰到一些特殊的情况，使HR没有时间和精力按部就班地做一份完整的工作分析，达不到理想状态。

碰到这种情况怎么办？既要满足工作需要，同时又要考虑时间及其他客观因素的制约，这就对实际操作提出了一些挑战。

在时间不充分、基础条件不具备的情况下怎样快速有效地做好工作分析？本章将重点讲述如何快速进行岗位工作分析。

第 1 节

快速分析法的使用情景

一、操作前提

图3-1　快速分析法的操作前提

（操作前提四象限：时间紧迫、缺乏价值、要求不高、目的单一）

（一）时间紧迫

使用快速分析法的第一个前提是时间紧迫。即完成工作分析这件事情，在时间上非常紧迫。例如，做完公司所有岗位的工作分析需要 3 个月以上的时间，但是整个项目的时间只有一周，按标准方式操作，项目将无法完成。

(二)缺乏价值

使用快速分析法的第二个前提是工作缺乏价值。即虽然时间充足,但是这项工作分析对公司没有任何实际意义。例如,面对在专业上比较欠缺的领导时,你如果按部就班地输出一份完美的表单,领导会觉得你在"刷存在感"。

(三)目的单一

使用快速分析法的第三个前提是工作目的单一。工作分析是开展人力资源工作的基础,但在实际做工作分析时,其目的可能仅仅是满足其中一项工作需求。例如,当下最紧迫的是做员工关系模块的工作分析,那么此时只要做员工关系的工作分析即可。

(四)要求不高

使用快速分析法的第四个前提是领导要求不高。即工作分析在任务中的作用仅仅是参考作用,领导对这件事的要求也不高。例如,领导要求做某个岗位的工作分析,目的是了解工作内容,此时仅仅从内容上输出,满足领导的要求、达到领导的目的即可。

二、运用场景

根据以上对快速分析法的操作前提的分析,结合日常工作,快速分析法可以应用于以下三大类场景:

- 试用期工作开展
- 紧急任务开展
- 特殊任务开展

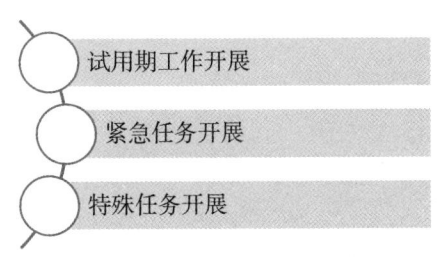

图3-2 快速分析法的应用场景

（一）试用期工作开展

你可能正处于试用期，需要处理各种繁杂的工作，时间紧迫，精力也有限，不能按部就班地做工作分析，那么此时就需要运用快速分析法。

（二）紧急任务开展

公司年底都要做年终总结和规划，但公司可能没有做过工作分析，也没有数据信息基础，这时，领导要求你在一周内完成年终总结和规划，那么此时，基于年终规划的目的，你可以使用快速分析法进行人效匹配。

（三）特殊任务开展

用人部门可能需要 HR 在一周内招到合适的增补人员，此时就可以通过快速分析法证明岗位需求的合理性、能力要求合理性，以及需求时间的合理性。

案例智库

某 HR 在试用期时与老板交流得知了公司的现状及存在的问题。通过深度沟通，又了解到公司各个部门都急需用人，但公司半年都没有招到一个满意的人。于是，该 HR 确定了当前最紧急、最重要的问题是解决用人需求。该 HR 抓住各部门负责人的心理需求，以帮助大家招聘到合适的人才为目标开展工作分析、建立岗位说明书。具体工作如下：

首先，了解各部门的痛点——没有人、担心业务完不成。基于各部门的痛点，了解为什么招不到人，是没做渠道分析？还是发布的岗位职责和任职要求太高了？为了解决用人问题，接下来需要将工作分析做好，这样才知道岗位说明书的精准性和招聘渠道的合理性。当然，开展这项工作还必须得到各部门领导的支持与帮助。因为做这个工作是就为了帮助各部门招到合适的人，所以大家的支持力度还算很大，也顺理成章地在各部门"造了势"、收集到了部门的岗位类别。

其次，为防患于未然，担心各位领导以工作忙为借口，在推动工作分析的时候不全力配合，所以，该HR提前起草好了"关于建立岗位说明书的通知"及相关工作推进方案，并向老板汇报，说明了推动这个项目的思路，以及为什么当下要这么做，并请求老板给予支持。

最后，该HR将方案和通知交予老板确认、批准，目的是借老板的力量推动整个项目。

介绍了使用场景，在实际进行快速工作分析时，应该如何操作呢？

第 2 节

快速分析法的操作步骤

一、明确目的

图3-3 快速分析法的操作步骤

[明确目的] → [盘点基础] → [明确标准] → [确定方式] → [选择方法] → [制订计划]

当使用快速分析法时,首先要明确做工作分析的目的是什么。为了一份工作报告?为了交差?还是为了明确公司的各岗位需求?为了盘点每个岗位的工作效率、工作饱和度?还是为了评估公司的人岗匹配情况?确定目的,以终为始,不要盲目做事。

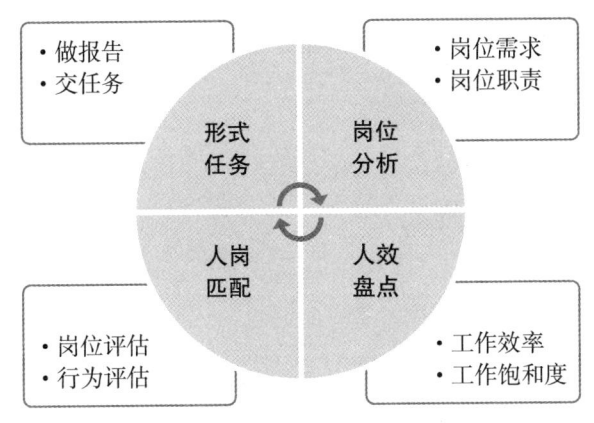

图3-4 使用快速分析法的目的

(一) 形式任务

做报告：仅仅需要做一份数据分析报告，此时用快速工作分析法比较合适。

交任务：领导本人对该任务要求低、并不重视此项工作，此时用快速工作分析法比较合适。

(二) 岗位分析

岗位需求：指为了了解岗位需求，基于工作分析了解某岗位需要什么专业知识、专业技能、专业素质来支撑。

岗位职责：指为了了解岗位职责，了解某岗位具体做什么事情、需要做到什么程度、标准是什么。

(三) 人效盘点

工作效率：指根据工作分析的数量对比对现有人员的效率进行盘点，哪些人员工作效率比较高，哪些人员工作效率比较低。

工作饱和度：指根据工作分析盘点现有人员的工作饱和度，评估是否需要人员优化。

(四)人岗匹配

岗位评估：指通过工作分析表对岗位进行评估，评估岗位的操作难度，为公司创造价值。

行为评估：指基于人员的行为进行评估，评估现有人员的行为与岗位是否匹配。例如，盘点绩效岗和培训岗的员工，通过盘点可能发现培训岗的人每天在做绩效岗的工作，此时为了人岗匹配，就可以进行调岗。

明确工作分析的目的后，接着盘点现有的人员基础，对以下三类员工进行盘点。

二、盘点基础

执行者	配合者	决策者
・擅长特质 ・能力水平 ・公司基础	・个性特点 ・配合意愿 ・认知水平	・个性特点 ・重视程度 ・能力水平

图3-5　对三类员工进行重点盘点

(一)执行者

盘点做工作分析的执行人。

首先，盘点执行者的擅长点和特质。如果此人擅长聊天、亲和力强，在选择盘点方法的时候，就要多选用一对一访谈法；对观察力非常敏锐的人，则要尽量选择观察法；对逻辑思维能力强、善于分析的人，要使用分析法。

其次，盘点执行者的能力水平，不同的能力水平会导致工作分析完成的周期不同。如果此人专业知识有所欠缺，那么要求其在一周内完成工作分析就是不合理的，可以借助他人的力量完成。

最后，盘点公司的基础，比如是否有经验库。公司以往有哪些岗位做过工作分析？如果有完善的表单，可以直接参考。

（二）配合者

盘点做工作分析时配合的人。

首先，在进行工作分析时要了解配合者的个性特点。如果配合者比较平和，工作就比较好切入。

其次，要盘点配合者的配合意愿度。配合者的配合意愿决定了 HR 应采取什么样的方式让他配合。比如，在进行访谈时，如果对方不愿意配合，就可以采取正负激励的方法。

最后，要盘点配合者的认知水平。例如，在进行访谈法时，对方回答不上，这就说明工作分析本身存在误区。

（三）决策者

盘点发布这个任务的人、工作分析结果要呈现的对象，以及做工作分析时的领导人。

首先，在进行工作分析时要盘点领导的个性特点。领导的个性特点决定你的沟通方式、决定工作分析了解内容的侧重点，以及呈现出来的样子。

其次，盘点领导的重视程度，评估工作开展的程度。如果领导本人都不重视工作分析，那么你大张旗鼓地去做，就会"吃力不讨好"。

最后，盘点领导的能力水平——很多时候，做工作分析是为了展示给领导看，要盘点领导的能力水平在什么阶段。如果领导的能力水平很高、专业能力很强，你展示一份低级的工作分析表单，就会让领导对你的印象大打折扣；但如果领导的专业能力水平一般，你就要考虑时间的紧迫程度，看看是否降低标准、满足基本需求即可。

三、明确标准

当盘点完现状和基础后，基于不同的基础和目的，就可以输出"工作分析表"中的七个要素分别应详细到什么程度、完善到什么程度了。

表 3-1 输出"工作分析表"

	目的	流程	方式	专业	权责	工具	时间
形式任务	详细	一般	一般	一般	一般	详细	一般
岗位分析	详细	详细	详细	详细	详细	一般	一般
人效盘点	一般	详细	详细	一般	一般	一般	详细
人岗匹配	详细	详细	详细	详细	详细	一般	一般

（一）形式任务

如果工作分析的目的是完成形式上的任务，工作分析最核心的内容就是确定目的，需要详细描述这个岗位具体要产生的价值，而不需要详细描述岗位的具体工作流程、方式、需要具备的专业知识、承担的权责、所用的时间、基于形式任务的目的等。如果这部分内容也详细描述，就需要花费过多时间，没有必要也来不及。

（二）岗位分析

岗位分析的另一个目的是明确岗位需求。因此，岗位价值的目的、操作流程、操作方式、所需的专业知识、专业技能、承担的权责，都需要详细描述，因为如果对这几个部分的描述不详细，岗位职责和岗位需求就得不到明确。

（三）人效盘点

人效盘点的对象一个是工作效率，另一个是工作饱和度。因此，对具体的工作内容、流程、操作方式、完成工作所需的时间需要进行详细分析，特别是做每件事情需要花费的时间，是核心重点内容，必须明确，而且越详细越好。至于需要用到的专业知识、专业技能、承担的权责、使用的工具，则不是做人效盘点需要重点分析、关注的内容。

（四）人岗匹配

人岗匹配分为对岗位的评估和对行为的评估。要衡量这个岗位的价值，即这个岗位存在的目的是什么。人岗匹配的分析内容侧重于行为和效能、侧重于工作的质量、具体工作是否符合岗位的要求，而非效率和工作量。因此，在人岗匹配中要关注做事情的目的、流程、工作方式、专业知识、专业技能和承担的权责，至于工作需要用的工具和花费的时间，则不是人岗匹配需要重点关注的内容。

根据不同的工作目的，确定不同的侧重点及其分析内容和标准，能够事半功倍，避免浪费不必要的时间。

四、确定方式

具体的标准明确后，就要确定具体的工作分析操作方式。

单点式	统筹式	组合式
・选择标杆 ・单点突破 ・极致分析 ・一笔带过	・明确标准 ・分类设置 ・全面概括 ・快速取舍	・明确目标 ・单点极致 ・分类设置 ・衰减复制

图3-6　快速分析法操作方式

（一）单点式

在做工作分析时可以进行单点突破。例如，公司需要对销售人员进行盘点，就可以选择销售岗位作为标杆进行单点突破，其他岗位则可以"一笔带过"。

（二）统筹式

写报告时要对公司整体的人力情况进行盘点，如果时间紧张，可以对人员进行分类，从而方便取样和操作。例如，专业类、技术类、销售类，或职能单位、业务单位。

（三）组合式

即既要在很短的时间内完成工作分析，又要做出比较完善的工作分析。例如，公司要求在两周内完成年底的人力资源优化。在这种情况下如何盘点？首先，要明确工作目标。其次，选择几个关键点，做到极致，同时根据几个点的特征进行分类设置，分析每个岗位与其他岗位的关联。如对文员岗位进行工作分析时，其他的助理岗位、人事专员岗位就都可以与文员归为一类。

五、选择方法

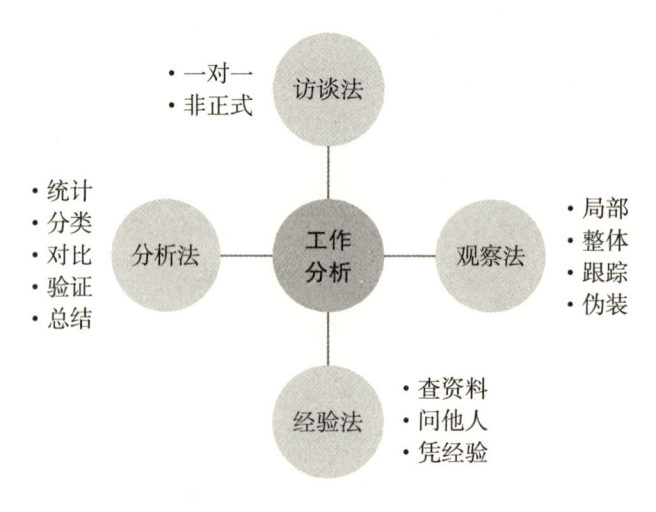

图3-7 根据操作方式选择具体执行内容

（一）访谈法

在访谈时须掌握两种方式：一对一访谈和非正式的访谈。例如，当有同事申请加薪，找你签字时，就可以名正言顺地询问申请加薪的理由是什么，如果是工作量比较大，还可以请他举例证明。在做离职访谈时，可以询问其离职的原因、平时上班一般做哪些工作等。

（二）观察法

对某个岗位进行工作分析时可以用观察法。观察法可用于观察公司全部岗位、局部岗位，也可以进行跟踪式的分析。

（三）经验法

当要评估某个岗位的价值时，还可以查资料、请教他人，以经验分析法做工作分析。

（四）分析法

使用分析法，需要分析人员具备敏锐的洞察力、较强的逻辑思维能力、推理能力和总结归纳能力。

这种方法适合批量的工作分析，因为它可以避免重复性的工作。例如，要对薪酬专员岗位进行分析，假设该岗位有20项具体的工作事项。第一，要对公司的所有岗位进行统计；第二，对岗位进行大致的分类；第三，把薪酬专员的工作事项全部列出，并且把每一个工作事项需要的时间、需要掌握的技能等全部列出，罗列完成后，再与其他岗位进行工作难度对比、工作性质对比，而其他岗位中同薪酬专员重复的内容，就不需要再分析了，只需要分析不一样的地方；第四，推理、验证；第五，进行总结，就可以输出完整的工作分析。

案例智库

请示并邀请业务部门负责人一起做部门岗位的工作分析。目的是让员工大力配合与支持。如果业务部门负责人没有时间，则要向该部门负责人进行请示与说明。

做访谈需要占用员工的工作时间，因此要提前了解员工的工作安排，确定好访谈时间，这样做既尊重了业务部门负责人又能够得到员工的支持。不能让业务部门负责人认为空降来的新人不把同事放在眼里。谨记低调做事、低调做人。

开场白要从拉近关系做起，了解访谈者是哪里人、来公司多长时间、从事这个岗位多久、学的专业等，同时可以再聊聊当下的热门话题等。

访谈前，要对访谈者的个人档案、个性特质、岗位水平做充分了解，并有针对性地与其沟通，消除陌生感和距离感。比如，说明自己也刚加入公司不久，对公司行业不了解，与该访谈者多交流，并请教一些工作上的事情。

同时要表明因为现在招聘压力很大，业务部门的项目多，也知道大家现在很忙、加班多，很理解大家的处境，现在为了减轻大家的工作压力，公司要求人力资源部门加强招聘工作，但目前遇到了因招聘所发布的职位信息不够精准，导致面试时不能精准识别候选人、候选人与岗位的匹配度不高的问题，所以需要请教岗位的相关工作内容和任职要求。

这样的话术既能打消被访谈者的顾虑，也能拉近与其的关系，以获取所需要的工作分析内容。

明确目的、标准、流程和方法后，接下来需要制订详细的计划。

六、制订计划

根据目的、操作方式、方法制订详细的操作计划。

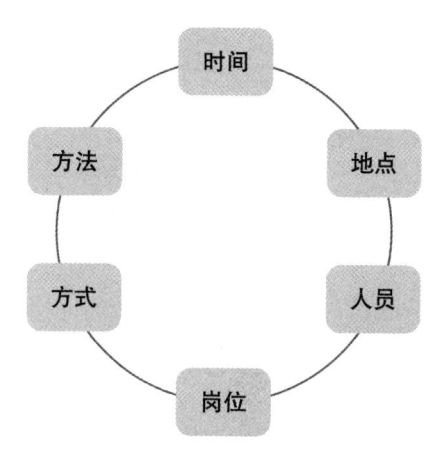

图3-8 操作计划的具体内容

（一）时间

需要多长时间完成这项工作分析，具体在什么周期内完成。

（二）地点

在哪里完成这项工作分析。

（三）人员

谁来操作、调查对象是谁，并选定调查样本数量。

（四）岗位

评估哪些岗位需要做工作分析。

（五）方式

明确采用单点式、统筹式、组合式中的一种。

（六）方法

确定运用正式访谈还是非正式访谈、跟踪观察还是群体观察、观察一群岗位还是某一个岗位、是使用经验法还是分析法等。

最后按照制订出来的详细计划，执行工作分析。

第 3 节

快速分析法的四大原则

要做好快速工作分析，还需要牢记四大原则。

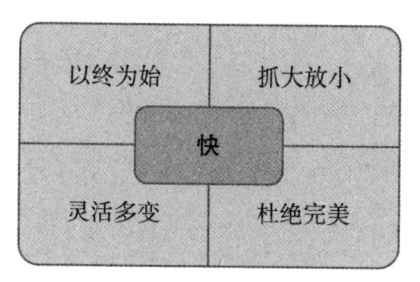

图3-9　做好快速工作分析的四大原则

一、以终为始

以终为始，即对"终点"进行精确描述。

二、抓大放小

目的明确后，没有必要事无巨细地对所有岗位做工作分析，某些不重要的岗位可以忽略。

三、杜绝完美

根据任务要求做工作分析，如果领导要求做60分，此时你的工作只需要符合领导要求即可，否则时间上可能来不及。

四、灵活多变

要学会取舍，发现某个要素进行不下去时，就要评估该要素对结果影响是否很大，如果不大，就可以先舍弃。在方法的选择上，要根据"终点"合理选择方法。如果有既往工作分析表单，此时只需要对其进行优化即可，不需要全部重来。

案例智库

董事长要求某HR两周内重新梳理和确定每个部门及人员的工作职责和内容，从而对工作量的饱和度和薪资结构进行调整。因为只有两周时间，该HR与董事长深入沟通后，了解到因为销售业绩下滑，董事长需要的是销售岗位的工作内容和职责。

该HR对之前的销售岗位工作内容进行了了解并罗列出工作细项，发现缺少对客户跟进这项工作。于是该HR利用闲聊的方式，与销售部门的领导沟通，询问销售部有没有做这项工作。然后，在原有的工作分析表单上完善了"客户跟进"这项工作，并输出了一份完整的销售岗位工作分析报告。

这样，"两周内完成公司所有部门、所有岗位的工作职责和内容梳理"，就变成了"销售岗位的工作职责和内容梳理"，既降低了自身工作量，又达到了董事长的要求。

综上所述，要做好快速工作分析需要注意以下几点：

1. 以终为始做好工作分析。

2. 根据当下形势做好工作分析。

3. 根据领导的个性做好工作分析。

4. 在做工作分析时把握方式方法，及时盘点员工的个性。

5. 秉承四大原则进行工作分析，单点突破，不力求完美，灵活运用方式方法。

第四章

招聘"真"需求三要素的挖掘方法

| 第四章　招聘"真"需求三要素的挖掘方法 |

说起离职率高，你的脑海中是否会闪过以下一些场景：

"负责招聘的 HR 不分昼夜地参加社招，招来的人不到一个月就离职了。"

"负责招聘的 HR 参加了 n 场校招，最终招来的实习生不到三个月就离职了。"

"业务部门负责人抱怨 HR 不会招人，导致公司业务完不成，规模也无法扩大，这个锅我们 HR 部门不背。"

"负责招聘的 HR 一直有个困惑：长期以来，公司环境和待遇都还不错，也没有大规模扩张，但是却一直缺人。平均每年招聘一百多人，又离职一百多人。"

作为 HR 的你，是不是要分析和总结一下：为什么留不住人？有没有可能是因为没有明确的招聘计划和招聘目的？这导致许多新员工不清楚所在岗位的工作任务和要求，使他们有了不受重视的感觉，也损害了公司的口碑。

不停地招聘新员工可能会使在职员工没有安全感，他们在压力下开始寻求跳槽，最后使老员工流失。

针对以上问题，本章将一并进行分析和解决。

第 1 节

招聘需求不明确

接到招聘任务时,要从识别真假需求两个维度上进行分析。

假需求	真需求
・整体描述含糊不清	・量化、细化、明确化
・招聘目的描述不清晰	・只描述想解决的问题
・只有专业要求没有文化要求	・专业背景和文化背景兼备
・只考虑当下	・兼顾当下和以后
・……	・……

图 4-1 招聘中的真需求和假需求

一、假需求

整体描述含糊不清、岗位职责描述不清。例如,对招聘专员岗位的描述中包含了 HR 经理的岗位职责,招聘专员岗做了 HR 经理的事情。

招聘目的描述不清晰。例如,为什么要招技术储备岗?因公司业务扩张,同时也为人才梯队建设做基础准备工作,所以要招技术储备岗。

只有专业要求而没有公司文化的要求。需求中只体现需要具备的专业技能、素质,但没有体现公司文化、部门文化的具体要求。

只考虑当下而没有考虑未来。例如,招聘业务主管人员时,只要求在半年后培养成业务经理,没有考虑这一岗位未来的岗位定位。盲目把业务主管晋升为业务经理，等发现公司的业务没有提升、验证了业务主管无法胜任业务经理这个岗位时，再调整业务主管的岗位，难度就会很大，最终受损失的还是公司。

二、真需求

岗位要求描述中对岗位需求进行了量化、细化、明确化界定。

只描述想解决的问题，即只描述这个岗位、这个人入职后具体要解决什么问题。

专业背景和文化背景兼备，针对岗位的描述不仅要符合专业知识和技能背景，还要符合公司文化、部门文化的背景。

兼顾公司当下和未来。例如，对业务员岗的描述可以加上：通过不断的培训后，后期可以胜任大区业务经理。

案例智库

笔者曾经做过销售经理岗位的招聘，该公司的销售是以阿米巴的方式运营的，于是首先明确该岗位的具体要求：需求人数5人、男性、能适应长期出差、善于社交、能适应阿米巴的经营方式、具有5年以内的行业销售经验。其次明确招聘的目的：入职后需要在原有销售额的基础上，增加15%的销售额。

对招聘的目的和岗位进行细化、量化、明确化的处理后，再精准招人。

第 2 节

招聘需求识别的三大维度

明确招聘真假需求后，可以从数量、交期、质量三个维度上进行招聘需求的识别。

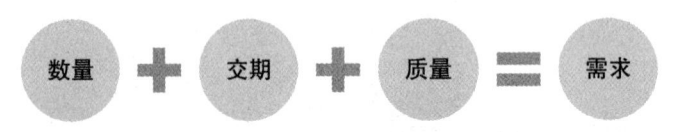

图 4-2　三维度识别招聘需求

一、数量

是否有明确的岗位缺编数量，缺编是如何出现的，学会拒绝用人部门的"越多越好"。

二、交期

用人部门对缺编人员的到岗时间是否有明确计划，若不到岗，是否会拖延项目进度等。在缺编数量已定的情况下，面对用人部门的最快到岗时间，除要保证人员到岗外，HR 也要学会通过"讨价还价"来精准识别招聘需求。

要与用人部门确认人员"尽快到岗"的好处。是项目进度能提前？还是销售业绩可提升？如果缺编人员不能准时到岗，会产生什么损失？用人部门有没有替代方案？这些都是判断交期需求是否精准的要素。

三、质量

用人部门对"新同事"的实际要求是什么？工作职责和任职条件是否明确？提出此项要求的实际原因是什么？

真正能做好招聘的 HR，一定不是无条件满足用人部门招聘需求的 HR。HR 要了解用人部门的招聘实际需求是什么，学会"打破砂锅问到底"，分析"真"需求，为公司提供优质的人才。

第3节

招聘数量需求分析的思路

一、本岗位工作分析

招聘需求产生时,如果是已有岗位,可通过与业务部门负责人和此岗位在职员工的沟通,分析出岗位的核心要求。

进行岗位的工作分析是 HR 的基本功。所谓工作分析,就是分析该岗位每天常规的要做哪些事情、非常规的要做哪些事情、做每件事情的标准动作是什么、分别需要多长时间等,最后生成标准工时就可以基于一个岗位的标准动作和标准工时输出岗位工作分析,例如"绩效管理岗位工作分析"。

表 4-1 工作分析模型表

部门：人力资源管理部　　岗位：绩效管理

序号	分析维度 工作职责	达成什么结果	怎么做	专业知识	专业技能	承担什么责任	需要什么权力	需要的时间	发生频率	总时间(min)	备注
1	负责公司绩效管理	引导员工工作行为，促进员工能力提升，发现企业优秀人才，确保公司绩效目标及部门、公司绩效目标的实现，保持企业的竞争优势	月度/季度绩效考核数据汇总通知发布	无	无	及时性	发送全体员工邮件权	5分钟/次	1次/月	5	
2			解决月度/季度绩效考核与各部门提出的问题	《绩效管理办法》	问题分析技能	问题解决的时效性/合理性	绩效考核问题决策权	10分钟/次	8次/月	80	
3			绩效数据及结果审核	《绩效管理办法》	无	及时性/准确性	结果审核权	90分钟/部门	10部门	900	
4			绩效数据及结果纠正	《绩效管理办法》	问题分析技能、沟通技巧	准确性	考核结果建议权	20分钟/次	15次/月	300	
5			绩效信息汇总	无	无	准确性	信息整理权	5分钟/部门	10部门	50	

续表

部门：人力资源管理部　　　　　　　　　　　　　　　岗位：绩效管理

序号	分析维度 / 工作职责	达成什么结果	怎么做	专业知识	专业技能	承担什么责任	需要什么权力	需要的时间	发生频率	总时间（min）	备注
6			绩效信息整理存档	无	无	准确性	信息存储权	20分钟/部门	10部门	200	
7			绩效数据稽核	《绩效目标管理表》	问题分析技能	准确性	绩效问题修订权	10分钟/100人	3000人	300	
8			绩效结果面谈	《绩效管理办法》	沟通技巧	面谈有效性	面谈权	30分钟/人	15人/月	450	
9			了解员工工作状态	各岗位工作标准	员工访谈技巧	信息准确性	员工访谈权	30分钟/人	20人/月	600	

续表

部门：人力资源管理部　　　　　　　　　　　　　岗位：绩效管理

序号	分析维度 工作职责	达成什么结果	怎么做	专业知识	专业技能	承担什么责任	需要什么权力	需要的时间	发生频率	总时间(min)	备注
10			绩效考核指标持续改进	岗位知识	改进计划制订技能	合理性	绩效指标修订权/改进计划指导权	30分钟/部门	10部门	300	1.结合公司价值导向和管理状态，正确解释和解释公司考核标准的内涵 2.掌握考核标准设计的原则和主要方法，并组织培训 3.正确理解考核原则和方法，并组织培训

续表

部门：人力资源管理部　　岗位：绩效管理

序号	工作职责	分析维度 达成什么结果	怎么做	专业知识	专业技能	承担什么责任	需要什么权力	需要的时间	发生频率	总时间(min)	备注
11			绩效考核信息平台维护	无	OA操作技能	完整性	平台信息维护	30分钟/部门	10部门	300	1. 对考核文档进行收集和整理，保证收集的及时性和文档的完整性 2. 在上级指导下及时维护系统数据
12			协助各助理平时绩效考核上问题的解决	《绩效管理办法》	绩效异常处理技能 项目临安理力	合理性	绩效考核问题决策	10分钟/次	5次/月	50	
			绩效管理制度完善	公司所有流程 公司企业文化	绩效标准制定技能 文件编制技能	合理性	绩效管理制度修订	300分钟/次	0.2次/月	60	

076

续表

部门：人力资源管理部　　　　　　　　　　　　　岗位：绩效管理

序号	分析维度 / 工作职责	达成什么结果	怎么做	专业知识	专业技能	承担什么责任	需要什么权力	需要的时间	发生频率	总时间（min）	备注
13	试用期转正		绩效申述处理	各部门《绩效管理办法》	问题分析技能 员工访谈技巧	合理性/及时性	绩效问题调查权	120分钟/次	1次/月	120	
14	考核	留下符合公司的合格人才	360调查人员工作状况（间接人员）	岗位知识《试用期考核评定管理办法》	员工访谈技巧考核技能	信息客观性	审核权/退回权	60分钟/人	30人/月	1800	
15			试用期转正制度完善	《试用期考核评定管理办法》	文件编制技能	合理性	试用期转正制度修订权	180分钟/次	0.1/月	18	
16	主管安排的其他事宜	完成主管要的结果	调查了解	无	无	及时性/有效性	问题调查权	120分钟/次	4次/月	480	

二、公司中短期业务量

各行各业都可能会存在淡旺季，此时 HR 要根据过往的数据案例和经验分析，识别出因短期业务量而产生的岗位需求。例如，某游乐场因为寒暑假旅游人数暴增，产生大量的人员需求，HR 就可据此选择招聘渠道和数量。

○ 本岗位工作分析

○ 公司中短期业务量

○ 岗位过往离职率

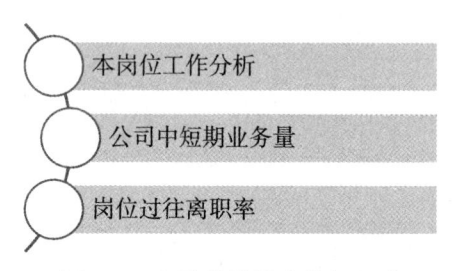

图 4-3　招聘数量需求分析思路

三、岗位过往离职率

如果是已有岗位出现需求，就要分析该岗位过往的离职率，并根据岗位异常情况做适量的政策放宽。例如，某集团公司在 A 地和 B 地的同岗位人员需求数量大不相同，因为人员需求会受地域、项目进程等的影响。

第 4 节

招聘交期需求分析的思路

面对用人部门的最快到岗时间,除保证人员到岗外,HR 也要学会通过"讨价还价"来精准识别招聘需求。

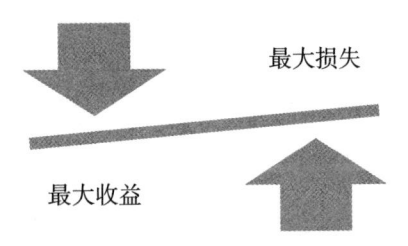

图4-4 双向思维分析招聘时间需求

正向思维,迅速推进:和用人部门确认,如果做到"尽快到岗",对用人部门有什么利好。

逆向思维,留后路:如果缺编人员不能准时到岗,会给公司造成什么损失?会给部门造成什么损失?会给 HR 本身造成什么损失?

第5节

招聘质量需求分析的思路

招聘需求是挖出来的,而不是问出来的。要挖掘就必然要沟通,而且是有效沟通。所以 HR 在挖掘需求的同时要学会掌握技巧,引导用人部门说出"真正的用人需求"。

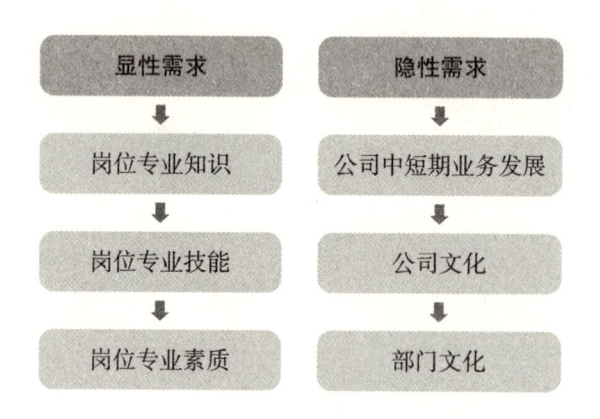

```
显性需求              隐性需求
  ↓                   ↓
岗位专业知识        公司中短期业务发展
  ↓                   ↓
岗位专业技能          公司文化
  ↓                   ↓
岗位专业素质          部门文化
```

图4-5 分析招聘的显、隐性需求

一、显性需求

(一)岗位专业知识

多方访谈,分析岗位的必备专业知识。

（二）岗位专业技能

分析岗位的显隐性问题，识别岗位需要的专业技能。

（三）岗位专业素质

参照岗位"标杆"人物，分析并对标专业素质需求。

二、隐性需求

（一）公司业务

要综合考虑公司当下和近期的业务发展需要，假设公司目前销售部门有 8 人，需要招聘 1 名主管，那么如果按照当下需求，这名主管能管理 8 人即可。但是假如公司 3 个月后业务要扩张两倍，而且预计人数也会增加一倍以上，那么这名主管可能就需要有管理 20 人左右的能力或者潜力了，否则，人员到岗不到 3 个月，HR 又要面临新的招聘任务，并且原来的销售主管也会很尴尬。

（二）公司文化

公司文化是个老生常谈的话题，是因为公司决策层的思维模式和行为习惯会直接影响"招聘需求"的落地执行。

（三）部门文化

俗话说"物以类聚，人以群分"，部门的小团队文化决定着"新同事"的类型。例如，某营销部门，新员工来来走走，导致老员工疲于"团结"，此时 HR 在招聘时就要关注候选人的性格是否稳定，是否可以影响部门团队的正能量。

案例智库

曾经有段时间，笔者所在的公司做出了一个"一刀切"的要求，明确告知招聘主管，以后凡是在 A 公司工作超过 8 年并且刚刚离职出来找工作的工程师，一律不考虑！为什么？因为公司在招聘工作中吃了很多亏。这些人受"上家"的影响太深，因为文化冲突导致的流失率超过 95%，纵观公司历史数据，大半年时间，几乎没几个人能留下来。

公司当时由于条件不好，时间又紧张，只能先满足招聘的交期要求。现在公司逐渐发展起来了，资源充足、条件改善，直接通过"一刀切"的规定，减少了招聘时间的浪费。

第6节

招聘质量需求挖掘的六大技巧

当需求明确后,我们就需要以下六大技巧在实际的操作过程中挖掘岗位要求。

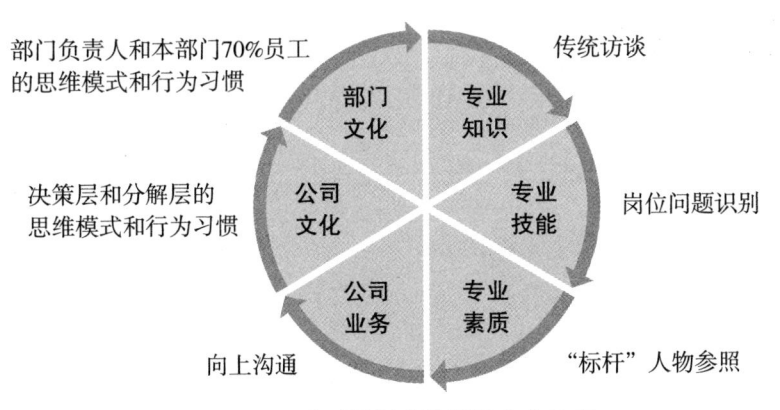

图4-6 招聘质量需求挖掘的六大技巧

一、专业知识

可以通过传统访谈了解该岗位需要具备的知识素养、学历、专业背景。

二、专业技能

可以通过传统访谈和岗位问题识别该岗位需要的专业技能。例如,招聘一个技术岗位时,可以用传统访谈向需求部门了解该岗位需要

SAAS 软件技能，以及为何要具备 SAAS 软件技能。

三、专业素质

可以与业务部门负责人沟通，了解如果要做好这项工作，需要具备哪些素质和特质。如果用人部门给出的回答含糊不清，就可以在访谈时用"标杆"人物作参照。

四、公司业务

作为招聘 HR，一定要提前了解公司业务，因为不提前了解就无法精准约人。可以通过向上沟通、向下沟通和平级沟通的方式了解公司的业务，便于招聘工作的开展。

五、公司文化

招聘 HR 需要在日常的工作中了解中层和高层的思维模式和行为习惯，可以不断地用访谈法和观察法了解老板和中高层的处事风格。

六、部门文化

HR 需要在日常工作中了解业务部门负责人和本部门 70% 以上员工的思维模式和行为习惯。

案例智库

笔者曾经就职的一家公司，某次生产总监提出招聘一名质量体系主管，负责公司质量体系的工作，要求具备质量体系相关的专业知识和经验。这位生产总监入职公司半年，HR 通过盘点了解到，这位生产总监是国企背景出身，看重职位，需要手下的人服从他，于是根据他的处事风格开始进行招聘，最终招到了一位合适的人员。

第 7 节

做好试用期管理和日常关怀

为了做好招聘工作,降低人员流失率和人力成本,HR 需要做好试用期管理和日常的关怀工作。

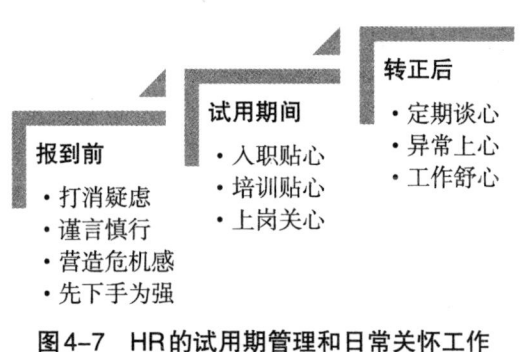

报到前
- 打消疑虑
- 谨言慎行
- 营造危机感
- 先下手为强

试用期间
- 入职贴心
- 培训贴心
- 上岗关心

转正后
- 定期谈心
- 异常上心
- 工作舒心

图 4-7　HR 的试用期管理和日常关怀工作

一、入职贴心

入职报到的准备工作要提前做好,包括需要用到的工具、设备、工作座位、需要引荐的人、需要告知的基本注意事项等。一定要注意细节,将入职者当成"客户"看待,充分站在"客户"的角度考虑。

二、培训安心

入职培训和上岗培训是新员工熟悉企业文化、规矩、岗位的过程,这个过程主要就是"入乡随俗"。做得越到位，新员工的融入感就越强，许多公司离职率高的一个原因就是入职和上岗培训没做到位。

三、上岗关心

千万不要觉得已经成交的"客户"不会跑，要不断去关心和了解异常，尤其是在试用期的关怀，发现工作和其他异常时，要及时跟进并协助解决。同时对于不合格的"客户"，也要淘汰处理。有限的精力要放在值得关注的、有价值的"客户"身上。

四、定期谈心

当"客户"产生了较高的忠诚度后，还是要时不时地去了解需求，维系好情感，搞好与"客户"的关系，保持"客户"的忠诚度。

五、异常上心

对于"客户"反馈的一些异常，要及时了解，并及时协助处理，这样才能及时解决"客户"的痛点，否则就有可能导致"老客户"流失。

六、工作舒心

深度挖掘"客户"的其他需求，做好相应的配套服务工作，形成"铁粉客户"群，将流失率降到最低。

案例智库

笔者所在公司的招聘人员总喜欢让入职者在前台的接待区等候，笔者就告知招聘人员，一定要把对方直接邀请到给他准备的办公座位等候。这就好比你家里来了客人，让别人在外面等候还是在里面等候，别人的感觉是完全不一样的。到了一个陌生的环境，本来就有一种天然的陌生感，直接让对方进入办公室等待，会加强他的归属感，让对方觉得已经是"自己人"了，温暖人心，这就是换位思考的小细节。

综上所述，要降低离职率需要做好以下几点：

1. 精准识别岗位需求是真需求还是假需求。

2. 挖掘和分析公司的中短期业务情况。

3. 精准盘点老板、需求部门负责人及需求部门人员的个性和处事风格。

4. 围绕需求目的，从数量、交期、质量上进行岗位需求识别。

5. 招聘需求要融入公司文化和部门文化。

6. 有人离职了，要对问题仔细分析研究，得出根本原因之后，再梳理临时对策和长期对策。

7. 根据临时对策和长期对策，既要亡羊补牢，也要想办法加固硬性和软性"城池"，想办法让"羊"真心不想跑。

第五章

有效招聘渠道开发的五个操作步骤

做招聘工作时间久的HR，大都经历过这样一个场景：几年前参加人才市场的招聘会，觉得自己很厉害，很多求职者围着自己投递简历，争着抢着问自己问题，有时候应聘人员太多，自己还会爱搭不理。但是最近几年，人才市场的招聘会现场却出现了剧情大反转，招聘人员笑容满面地和求职者打招呼，有礼貌的求职者还会回一句，碰上没礼貌的求职者，则直接无视招聘人员的问候。

所以现如今很多HR抱怨做招聘如挣钱一样难，已经见怪不怪了。都知道钱难挣，但是还必须得挣，招聘难，同样也必须得招。很多HR为了做好招聘听了很多课程，也和同行交流了很多经验，但却依然没有结果，这时候就应该停下来，好好反思一下，是不是自己在招聘渠道的选择上出现问题了？

第1节

招聘渠道选择的四大误区

一、渠道选择误区

图5-1 招聘渠道选择的四大误区

（一）渠道传统

不管是生活还是工作，都要与时俱进。求职者找工作都"玩"出了新花样，而招聘官却还在使用几年前传统的招聘渠道，如人才市场、传统的招聘网站等。

招不到人，其实是事出有因。

（二）渠道单一

俗话说"不要在一棵树上吊死"，对于招人这件事，也不能过分依赖某一种招聘渠道。天天在微信群里发招聘信息，群里的人已经很反感，而你却浑然不知，还是日复一日地继续同样的事情。

（三）近亲繁殖

过度依赖内部推荐，个人的亲朋好友全都进入公司了，于是在公司内部形成了各种小团体，给公司后期的管理造成很大的困难，关系网过于复杂，一个人离职或被辞退，就会牵连一群人。

（四）海淘

此海淘非彼海淘，此处的海淘是指像大海捞针一样，盲目地、没有目地选择招聘渠道：微信朋友圈、微信群、QQ群、内部推荐、当地招聘网站、专业论坛等，只要是能想到的就全部都用上。最后的结果往往是浪费了时间，人还是没"捞"上来。

二、造成误区的原因

- 不能以终为始，舍本逐末
- 盲目堆砌"死资源"
- 舍近求远，忽视当下
- 无法聚焦，轻易放弃

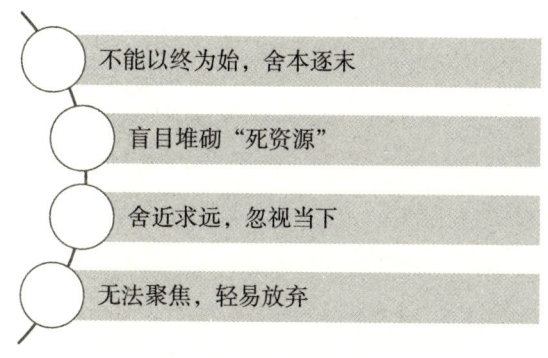

图5-2　造成招聘渠道选择误区的原因

（一）不能以终为始，舍本逐末

笔者经常对学员强调，做事要以终为始。在选择招聘渠道上也是一样的，不要过分依赖各种招聘渠道，以为各种渠道都用上了，就能招到人，而忽略了选择渠道的目的。在渠道选择中，其实最应该考虑的是自己要找的候选人在哪里，从而有效选择合适的招聘渠道。

（二）盲目堆砌"死资源"

笔者曾经辅导的一位学员也经历过这样的情况：他列出了一大堆招聘网站，每天登录、刷新这些招聘网站，却不知道为什么用了这么多渠道，还是没有效果。其实仔细想想，这些招聘网站真的是你需要的吗？这些网站都能用得上吗？候选人真的会出现在这些招聘网站上吗？

（三）舍近求远，忽视当下

所谓当局者迷，很多 HR 在让别人推荐候选人的时候，都喜欢在 QQ 群、微信群群发消息，让大家帮忙推荐，或者通过几乎没说过话的微信好友推荐，却忽略了身边可利用的人脉，比如同事、经常去吃饭的饭馆老板、亲戚、朋友、同学，经常去的美容院的店员等，完全可以让这些人推荐，而且他们推荐的人与你岗位的匹配度可能更高。

（四）无法聚焦，轻易放弃

做任何事都需耐心、用心，比如内部推荐。给公司的员工宣讲之后，发现没人推荐，或者是推荐的人都不符合要求，就认为这个渠道不行。但是，你有没有想过，别人凭什么给你推荐？推荐之后别人能得到什么好处？再或者，你给人家讲清楚你需要什么样的人了吗？有没有去教人家如何判断这个人是不是适合这个职位？等等。

问题出现了，要学会从自身找原因，检视自己是否都做到位了、是否用心去做了。

第 2 节

招聘渠道选择的两个核心

一、渠道选择核心

招聘的最终目的是让合适的人进入公司,做对组织有贡献的事,那么这个合适的人要通过什么渠道去找呢?要秉承以下两个核心原则。

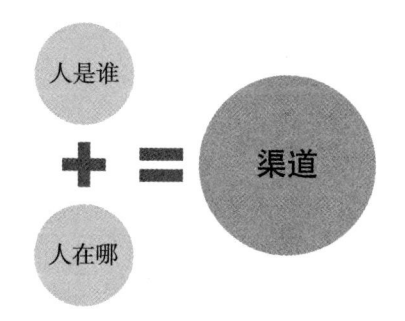

图 5-3 招聘渠道选择的核心原则

(一)人是谁

要知道要找的人是谁。就像寻人启事一样,把要找的人的岗位需求列出来,这样才能一目了然,知道要按照这个标准去找候选人。

（二）人在哪

按照列出的用人标准需求，了解这类人一般是在什么地方活动或工作。要找销售员，就要知道这类人大多聚集在展会；要找技术员，就要知道这类人大多聚集在行业群里；要找课程顾问，就要知道这类人大多会聚集在竞争对手那里；要找采购员，就要知道这类人大多聚集在供应商那里；要找医药导购，就要知道这类人大多聚集在药店、医院里。

秉承这两个原则去找人，还发愁找不到候选人吗？

二、影响招聘的两个要素

除了要秉承以上两个原则之外，还要考虑另外两个影响招聘的因素。

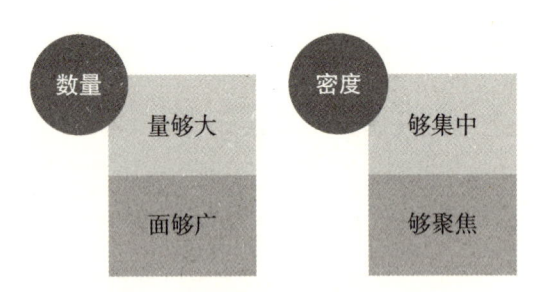

图5-4　影响招聘的另外两个因素

（一）数量：量够大、面够广

即候选人的数量是不是够多，候选人所需条件覆盖的范围是不是够广。

（二）密度：够集中、够聚焦

即候选人是不是集中在特定的地方，候选人所需的特定人才的聚集度是不是够高。

第 3 节

招聘渠道开发的三大途径

确定了招聘渠道选择的核心和影响招聘渠道的要素，那么开发招聘渠道的途径是什么？

一、开发招聘渠道的主要途径

常规途径：人才网站、专业网站、人才市场、校园招聘、猎头、公司人才库 一般较适合处在成熟期的企业

个人途径：内部员工推荐、其他人脉圈、朋友推荐、个人人脉圈 一般较适合处在初创期的企业

群体途径：专业论坛、社区、活动、QQ群、微信群、竞争对手公司等潜在候选人的聚集地 较适合处在发展期的企业

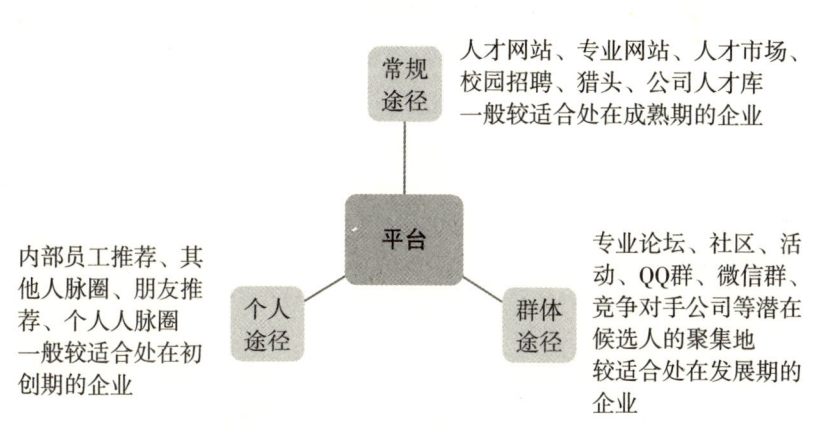

图5-5 开发招聘渠道的主要途径

（一）常规途径：一般适合处在成熟期的企业

人才网站：如智联招聘、猎聘网、51job、当地的人才网站，等等。

专业网站：如专门招聘 UI 设计师、外教老师的网站等。

人才市场：当地的人才市场。

校园招聘：适合知名企业、福利待遇相对较好的企业。

猎头：适合技术人才、高端人才的招聘。

公司人才库：平时维护的公司人才库可以满足一部分招聘需求。

（二）个人途径：一般适合处于初创期的企业

内部员工推荐：公司内部员工个人帮助推荐。

其他人脉圈：亲朋好友的朋友圈帮助推荐。

朋友推荐：亲朋好友帮助推荐。

个人人脉圈：朋友圈、社交圈帮助推荐。

（三）群体途径：一般适合处于发展期的企业

专业论坛、社区、活动：如各种展会、沙龙、大型的主题活动等。

QQ群：选择适合自己公司招聘的各种类型的QQ群。

微信群：选择适合自己公司招聘的各种类型的微信群。

竞争对手公司等潜在候选人的聚集地。

例如笔者的学员前段时间想招聘一名汽车行业自带资源的销售，于是就找了一个负责当地所有4S店车展策划执行的人员，因为当地所有4S店市场部的人他都认识，后来的业绩证明，选他是正确的。

二、招聘渠道一览表

下面是招聘渠道一览表，读者可以对照，选择适合自己的渠道。

表 5-1　基层中层高层招聘渠道一览表

层级	岗位族	企业发展阶段	常用招聘渠道	备注
基层	操作类	创业期	内部员工推荐、熟人介绍、亲朋好友、传统招聘网站	
		快速发展期	内部员工推荐、校园招聘、中介	
		成熟期	内部员工推荐、传统招聘网站、校园招聘、中介、人才市场	
基层	专业类	创业期	内部员工推荐、熟人介绍、亲朋好友、行业聚会、行业论坛、行业网站、传统招聘网站	
		快速发展期	内部员工推荐、熟人介绍、校园招聘、行业网站	
		成熟期	内部员工推荐、传统招聘网站、校园招聘、中介、行业聚会、行业论坛、行业网站	
	技术类	创业期	内部员工推荐、熟人介绍、亲朋好友、传统招聘网站	
		快速发展期	内部员工推荐、校园招聘、行业网站、传统招聘网站、熟人介绍、亲朋好友	
		成熟期	内部员工推荐、校园招聘、行业网站、传统招聘网站、人才市场	
	管理类	创业期	内部员工推荐、熟人介绍、亲朋好友、传统招聘网站	
		快速发展期	校园招聘、传统招聘网站	
		成熟期	校园招聘、传统招聘网站、内部员工推荐、人才市场	
	营销类	创业期	内部员工推荐、熟人介绍、亲朋好友、行业网站	
		快速发展期	内部员工推荐、校园招聘、行业聚会、传统招聘网站	
		成熟期	内部员工推荐、传统招聘网站、校园招聘、行业网站	

续表

层级	岗位族	企业发展阶段	常用招聘渠道	备注
中层	专业类	创业期	内部员工推荐、熟人介绍、行业聚会、行业网站、传统招聘网站	
		快速发展期	行业网站、行业活动、行业社群、内部员工推荐、熟人介绍、传统招聘网站、猎头	
		成熟期	传统招聘网站、内部员工推荐、行业网站	
	技术类	创业期	内部员工推荐、熟人介绍、行业聚会、行业网站、传统招聘网站	
		快速发展期	行业网站、行业活动、行业社群、内部员工推荐、熟人介绍、传统招聘网站、猎头	
		成熟期	传统招聘网站、内部员工推荐、行业网站、猎头	
	管理类	创业期	熟人介绍、亲朋好友、传统招聘网站	
		快速发展期	传统招聘网站、行业社群、熟人介绍、猎头	
		成熟期	传统招聘网站、行业社群、行业活动	
	营销类	创业期	内部员工推荐、熟人介绍、亲朋好友、行业网站	
		快速发展期	传统招聘网站、行业聚会、猎头、行业网站、内部员工推荐	
		成熟期	传统招聘网站、行业网站、行业活动、内部员工推荐	
高层	专业类	创业期	亲朋好友、熟人介绍、内部员工推荐、行业聚会、行业网站、传统招聘网站	
		快速发展期	行业网站、猎头、熟人介绍、行业活动、行业社群、传统招聘网站、内部员工推荐	

续表

层级	岗位族	企业发展阶段	常用招聘渠道	备注
高层	专业类	成熟期	传统招聘网站、猎头、行业网站、行业活动、内部员工推荐	
	技术类	创业期	亲朋好友、熟人介绍、内部员工推荐、行业聚会、行业网站、传统招聘网站	
		快速发展期	行业网站、猎头、熟人介绍、亲朋好友、行业活动、行业社群、传统招聘网站、内部员工推荐	
		成熟期	传统招聘网站、猎头、行业网站、行业活动、内部员工推荐	
	管理类	创业期	亲朋好友、熟人介绍、内部员工推荐、行业聚会、行业网站、传统招聘网站	1.按照优先程度排列先后顺序 2.猎头包括：外部猎头和内部猎聘两种，其中内部猎头指的是从竞争对手处定点挖角
		快速发展期	熟人介绍、猎头、传统招聘网站、行业活动、行业社群	
		成熟期	传统招聘网站、猎头、行业网站、行业活动、行业社群	
	营销类	创业期	亲朋好友、熟人介绍、内部员工推荐、行业聚会、行业网站、传统招聘网站	
		快速发展期	熟人介绍、猎头、亲朋好友、传统招聘网站、行业活动、行业社群	
		成熟期	猎头、传统招聘网站、行业活动、行业社群	

下面以笔者辅导过的三位学员的案例解释一下具体应如何使用该表。

案例智库

学员一，该学员所在的公司刚成立，前期需要进行一线销售体系的搭建。层级属于基层，岗位属于营销类，企业所处的发展阶段属于创业期。相对应地，常用招聘渠道就是内部员工推荐、熟人介绍、亲朋好友、行业网站，这是相对其他渠道比较有效的几种招聘渠道。

该学员的招聘经验：招销售人员，寻找体验中心的人员拿客户名单，因为做销售的人员比较重视体验，通过这个方法，招到了销售员。

> **案例智库**

学员二，该学员所在的公司处于快速发展期，急需招前端工程师来扩大队伍。层级属于中层，岗位属于技术类，企业所处的发展阶段属于快速发展期。相对应地，常用招聘渠道就是行业网站、行业活动、行业社群、内部员工推荐、熟人介绍、传统招聘网站、猎头，这是相对其他渠道比较有效的几种招聘渠道。

该学员的招聘经验：招专业技术员，先从行业论坛上"撩人"，然后与论坛上的人进行聊天，介绍行业群给他，最后也成功招到了合适的技术员。

> **案例智库**

学员三，该学员所在的公司处于成熟期，急需招生产总监来管理公司的生产及运作。层级属于高层，岗位属于管理类，企业所处的发展阶段属于成熟期。相对应地，常用招聘渠道就是传统招聘网站、猎头、行业网站、行业活动、行业社群，这是相对其他渠道比较有效的几种招聘渠道。

该学员的招聘经验：招生产总监，参加某集团公司举办的行业活动，入群后先进行自我介绍，随后"顺便"发了招聘信息，最后有三个行业内的副总推荐了生产总监给他。

三、获取候选人的方式

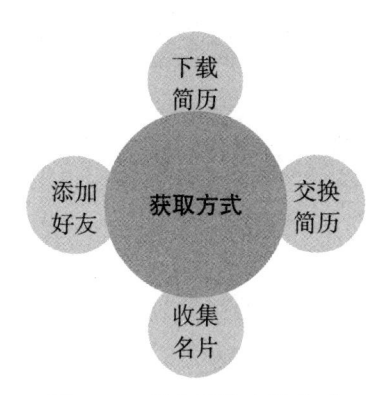

图5-6 获取候选人的方式

（一）下载简历

从网站下载或者是接收群里推荐的候选人的简历。

（二）交换简历

将单位候选人的简历根据岗位、行业进行分类整理，变成自己的候选人资源，如果有互换简历的机会，可以进行简历互换。

（三）收集名片

参加活动、展会、沙龙等，收集名片，或添加微信好友等。

（四）添加好友

工作或生活中所在的微信群、QQ群，前期先潜水不说话，平时在群里留意群员的动向，在合适的时机添加合适的人。

第 4 节

招聘渠道衡量的三个维度

通过以下三个维度衡量招聘渠道是否有效。

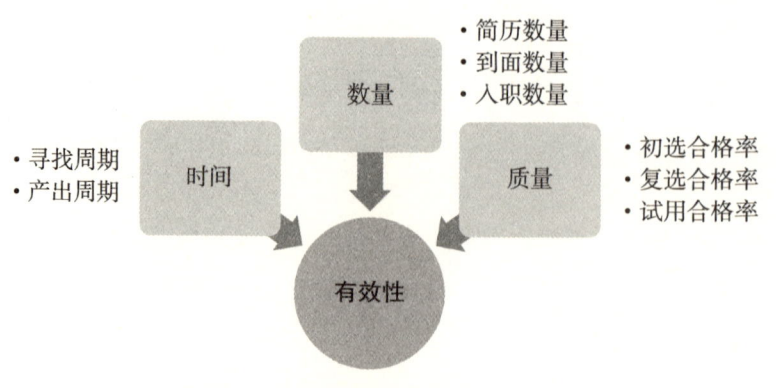

图5-7　衡量渠道有效性的三个维度

一、时间

寻找周期：从确定用某个招聘渠道开始，计算出寻找候选人的周期是否能满足当下的招聘需求。例如，某个岗位要求一个月之内把人员招聘到位，用传统招聘渠道，一个月收到了200份简历，内部推荐一个月只推荐了5个人，那么显然传统招聘渠道是有效的。

产出周期：从跟候选人取得联系到候选人入职的周期。例如，某个岗位要求一个月之内把人员招聘到位，用传统招聘渠道，一个月成功入职了 3 名候选人，内部推荐成功入职了 10 名候选人，那么内部推荐就比传统的招聘网站有效。

二、数量

简历数量：通过各渠道收到的简历的数量。

到面数量：通过各渠道来公司面试的候选人的数量。

入职数量：通过各渠道到公司入职的人员数量。

三、质量

初选合格率：通过各渠道获取的候选人，能够进入初试阶段的人员比例。

复选合格率：通过各渠道来面试的候选人，能够通过复试的人员比例。

试用合格率：通过各渠道入职的候选人，试用期通过的人员比例。

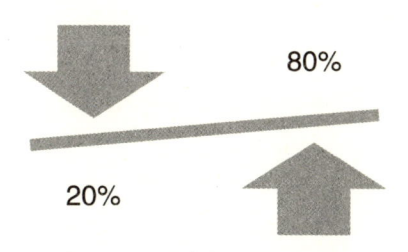

图5-8　招聘中的二八法则

根据衡量招聘有效性的三个维度，平时做招聘工作时要每天记录数据，每周、每月、每季度、每年进行汇总统计，最后你会得出一个结论：80% 的候选人来自 20% 的招聘渠道，这就是招聘中的二八法则。

第 5 节

招聘渠道维护的三个核心

招聘渠道除了选择、使用，还需要后期的维护，才能持续发挥渠道的作用。

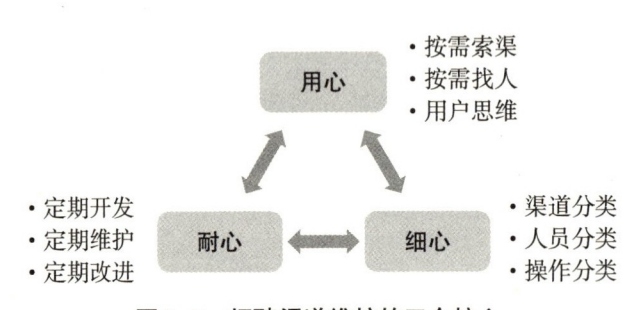

图5-9　招聘渠道维护的三个核心

一、渠道维护核心

（一）用心

按需索渠：不要像海淘一样，盲目地把所有渠道都用上，以终为始，按照自己的需求，有针对性地选择招聘渠道。

按需找人：按照真实的岗位需求去找人，不要明明只想招个经理，却用总监的标准进行招聘，这样怎么可能招得到人？

用户思维：换位思考，站在对方的角度思考问题。就像找别人帮忙一样，平常几乎没有往来，自己也没帮助过对方，如何能要求对方在自己有需要的时候帮助自己？多想想你为对方付出过多少，对方才能在你需要帮忙的时候帮助你。

（二）细心

渠道分类：将各渠道按照有效性进行分类。

人员分类：将各渠道招聘了什么类型的候选人进行分类。

操作分类：用 5W2H 法把维护各渠道的操作步骤进行分类。

（三）耐心

定期开发：要想从竞争对手处挖人，不要等到要急用人的时候才去挖掘候选人的信息，要定期从竞争对手公司那里获取候选人的信息，多做储备，才能满足用人需求。

定期维护：从竞争对手公司获取到候选人信息时，要定期和他们交流、维护关系，比如候选人发了朋友圈，可以真诚地评论一两句，没事的时候还可以聊聊工作或生活。

定期改进：某天和候选人聊天的时候，如果发现候选人不怎么愿意搭理你，或者感觉关系疏远了，就要去分析原因，并进行改善。

二、招聘渠道维护的忌讳

（一）忌主次不明

根据衡量渠道有效性进行分析汇总，按照二八法则有效维护招聘渠道，但不是所有渠道都需要去维护，要分清主次。

- 一忌主次不明
- 二忌急缓不分
- 三忌急功近利
- 四忌轻言放弃
- 五忌上帝视角

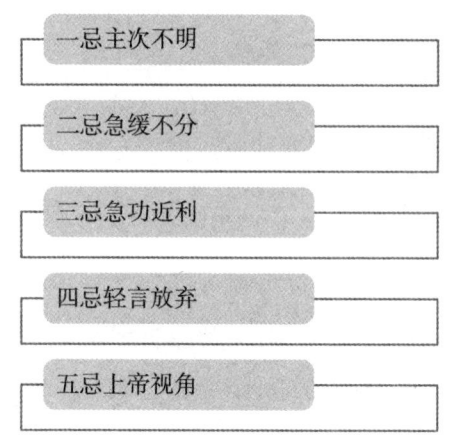

图5-10　招聘渠道维护的五点忌讳

（二）忌急缓不分

根据衡量渠道有效性分析汇总的结果，重点维护当下工作急需用到的渠道或者产出周期比较短的渠道。

例如，当下急需招聘销售人员，就需要先维护招聘销售的渠道。用人部门要求销售人员在一个月之内到岗，传统招聘网站每周能推荐20份简历，而内部推荐可能一个月也推荐不了一名合适的人选，这时候就需要先维护传统渠道。

（三）忌急功近利

就像上面提到的招聘渠道维护的三个核心一样，要有耐心。俗话说，"冰冻三尺，非一日之寒"，所以要想用人的时候能够满足需求，平时就要一点一滴地积累和维护。

（四）忌轻言放弃

这个就是本章开始提到的渠道选择的误区之一，即无法聚焦、轻言放弃。出了问题要从自身找原因，反思自己是不是足够用心、耐心。

（五）忌上帝视角

始终牢记换位思考。人与人之间都是相互的，没有谁欠谁，你怎么对待别人，别人就会怎么对待你，不要等到需要别人的时候再去维护关系，平时的点滴积累很重要。

综上所述，做好渠道开发需要注意以下几点：

1. 根据自己招聘的岗位类别，选择不同的招聘渠道。
2. 确定招聘岗位的岗位需求，并以此为标准去招人。
3. 按照列出的岗位需求标准，确定人在哪里。
4. 不同招聘层级、岗位类别，与企业所处的不用发展阶段，应对应不同的招聘渠道。
5. 从时间、数量、质量三个维度衡量招聘渠道的有效性。
6. 用心、细心、耐心维护招聘渠道。
7. 渠道维护是一项日常工作，在于平时的点滴积累。

第六章

筛选有效简历三要素的操作技巧

做招聘的 HR 最苦恼的事,就是明明和候选人约好了到公司面试,结果候选人不是临时打电话取消,就是消失得无影无踪,从邀约到现场面试,一两天的时间,HR 的世界却变了。

HR 在筛选简历的时候,可能感觉这位候选人不错,能力很强,各方面都符合条件,结果到面试的时候一塌糊涂。

寻根究底,可能是邀约话术出了问题,也有可能是简历筛选做得不够精准。

如何最大程度降低被候选人临时"放鸽子"?如何提高识别对方需求的准确性?如何有效邀约候选人?且看本章。

第1节

简历筛选的两类错误

简历筛选的原则是候选人应符合公司当下招聘需求、能够解决公司的问题，是具备解决问题的技能和能力的人，不一定非要限定专业、学历、工作年限，也不能过分关注知识背景和工作年限。

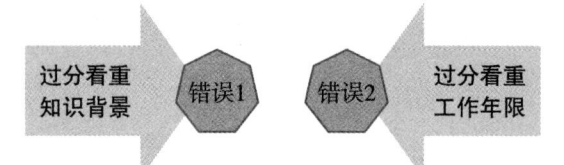

过分看重知识背景 错误1　错误2 过分看重工作年限

图6-1　简历筛选的两类错误

第 2 节

简历筛选的三大维度、九个要素

可以从潜力匹配度、能力匹配度、意愿匹配度三个维度进行简历筛选。

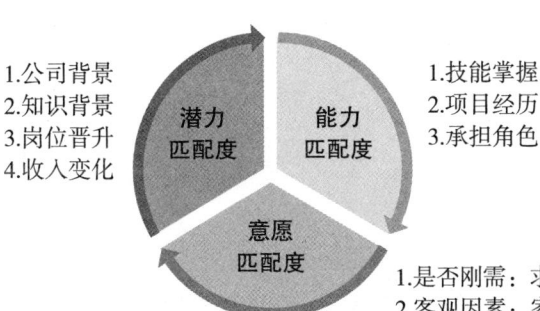

潜力匹配度
1.公司背景
2.知识背景
3.岗位晋升
4.收入变化

能力匹配度
1.技能掌握
2.项目经历
3.承担角色

意愿匹配度
1.是否刚需：求职意向、在职状态
2.客观因素：家庭距离、薪资要求
3.是否稳定：工作时长、工作关联度

图6-2　简历筛选的三个维度

一、潜力匹配度

所谓潜力，指的是一个人成长的速度和高度。但是企业招聘的潜力评估需要基于公司实际，不能没有方向地评估一个人的潜力。要确定公司在当下或者不久的将来，能够提供类似该候选人的未来成长岗位方向的岗位。太遥远的事不用考虑，一般的企业考虑 5 年，10 年以后的事情，言之过早。想得极端一些，10 年以后企业是否还存在还是个未知数。

比如，通过一个人潜力相关的要素描述，可能发现该候选人很有艺术天赋，未来可能成为一名艺术家，但公司却是一家传统服务业企业，该候选人的潜力方向显然与公司不匹配，因此该候选人的潜力不能与公司需求相匹配，不符合人岗匹配的核心逻辑。

潜力评估主要有三个依据，它们分别是：

（一）公司背景

候选人之前就职过的企业背景，如企业所在地区、性质、规模、行业、发展阶段等。

候选人之前供职企业的行业和领域与公司所处的行业和领域的匹配度越高越合适。

公司的性质大类，如民企、国企、外企等，至少在大类上要与公司的性质相一致，否则候选人在文化上将很难适应，与公司的匹配度相对较低。

公司的人员规模相差不超过一倍，即候选人之前供职企业的人员规模刚好是现在公司人员规模的两倍。公司规模如相差两倍以上，候选人可能难以胜任或适应目前公司的环境。

公司发展阶段分为生存期、快速发展期、成熟期、衰退期。候选人之前供职企业所处的发展阶段与当前企业一致的最佳。如超过一个层级以上，则不建议考虑该候选人。

公司背景不同，文化也会不同，工作习惯、工作风格会大不相同，因此在这方面也要仔细评估。

（二）知识背景

候选人的学历和工作经历等。

候选人学历与岗位最低要求向下相差不宜超过一个层级，向上相差不宜超过两个层级。例如，岗位根据标准需要本科学历的人才，就没有必要找博士。

中基层岗位，工作经历越专一越好；中高层岗位，工作经历跨界两个以上为佳。这和人的发展方向有关系，人的发展是先纵向、后横向、再纵向的。中基层岗位的岗位职责偏向执行、考验技能，那么技能越熟练越好，越专业越好。

（三）岗位变化

候选人岗位的变换顺序、变换时间等。

候选人晋升的时间越短，潜力越高；如候选人职位未获晋升，但其所在公司的规模变大，也可考虑。岗位跨度越多，说明其在各岗位的表现均不俗，潜力高。

（四）收入变化

候选人的收入（不同城市间需要按照比例换算）变化、幅度变化等。

收入增长速度越快者，潜力越高；除非候选人更换地域、行业或岗位，否则如果候选人收入的年平均增长速度低于5%，则不建议考虑。

注意：有些候选人的薪资降低是由于更换了生活的城市，但是相对薪资是实际提升的，这时不能认为该候选人被降薪了，要根据各城市之间的收入水平比例做同比换算后，再进行前后收入对比，才能得出结论。

二、能力匹配度

所谓能力，指的是一个人具备的、完成某项工作任务的标准行为和能够达成的标准结果。评估能力的时候，也需要结合公司实际，任何脱离公司实际的评估都是想当然，也是许多招聘人员容易犯的错误。他们习惯性地用行业或者市面上的通用标准去评估候选人，而不是用公司目标岗位的实际岗位职责和实际岗位任职条件来评估。

对于能力匹配度的评估，可以从以下三个方面入手：

（一）技能掌握

候选人具备的技能、达成的业绩。

技能掌握是硬性指标，包括专业技能和通用技能。

按照岗位需求评估候选人是否具备本岗位的核心专业技能，如果达不到80%，一定要慎重考虑。

按照岗位需求评估候选人是否具备本岗位需要的通用技能，超过60%则可以考虑。

（二）项目经历

候选人曾经的工作内容、工作背景、工作完成过程。

候选人经历的项目的性质、规模、复杂程度、背景和当下公司的匹配度在60%以上，则可以考虑，项目达成的结果和当下公司的预期目标的匹配度达到80%，则可以考虑。

（三）承担角色

候选人在各项工作中所承担的具体角色，如指导、决策、执行、协助、参与等。

角色承担责任从高到低的顺序是：指导（承担连带责任）、独立完成（承担100%责任）、主导（承担80%责任）、合作主导（承担50%责任）、辅助（承担20%责任）五个层级，如果候选人在此前项目中承担的角色低于公司项目要求其承担责任两个级别及以上，则不考虑。

注意： 无论候选人写了多少工作事项、多少技能，一定要关注候选人实际工作的完成结果以及相关数据。没有结果数据的候选人，需要高度重视，他可能只是做过这些事，其实业绩普普通通；就算他真的有业绩，这也证明该候选人的结果数据思维和个人展示能力是欠缺的。

三、意愿匹配度

所谓意愿，指的是一个人针对目标岗位的工作意向和工作态度。这里需要把意愿和个人爱好以及兴趣进行区分，有些候选人就算对该岗位没有兴趣，但是为了生存或者发展需要，他也很清楚地知道必须努力从事该项工作。此时，也可以认为该候选人的意愿和目标岗位匹配。反之，就算候选人对该岗位有兴趣，但是迫于各种原因，不能到该岗位工作，那么就应认为该候选人的意愿和目标岗位不匹配。

因此，真正的意愿度不是仅仅凭借候选人的个人兴趣爱好评估的，要考虑以下三个方面。

（一）是否刚需

候选人个人的具体求职意向、当前在职状态等。

有求职意向的候选人比无求职意向的候选人的需求强烈；求职意向明确的比不明确的需求强烈；求职意向专一的比发散的需求强烈。

离职状态的候选人比在职状态的候选人的需求强烈。

（二）客观因素

候选人的住处距离公司的路程远近、过往薪资、期望薪资等。

家庭距离近的比家庭距离远的需求强烈，交通方便的比交通不便的需求强烈。

候选人的期望薪资如果超出公司上限的一倍以上，则建议不考虑。

（三）是否稳定

候选人过往每份工作的存续时间，每份工作的公司性质、岗位性质之间的关联程度。

候选人在每家单位的在职时间越长，越稳定，一般每家公司至少在职 1 年至 2 年，根据不同行业年限不同。如果在职时间是越来越长的，呈递增趋势，则代表候选人的稳定性越来越强，越来越成熟。但如果候选人的在职时间越来越短，呈递减趋势，则说明其稳定性越来越弱。例如，在第一家公司待了 2 年、第二家公司待了 1 年、第三家公司待了 8 个月。这样的候选人一般不建议选择，他的职业规划可能出现了问题，内心急躁、稳定性越来越差。

候选人简历上呈现出来的过往所在行业和公司之间的行业跨度越大，说明其稳定性越低。

注意： 不要一概而论地认为候选人跳槽频繁就一定是对某岗位的意愿不足，招聘官要考虑的是候选人对岗位的意愿度，而不仅仅是对公司的意愿度。对于换公司而不换岗位的候选人，很有可能是他对岗位意愿很强，但是一直没有找到真正适合自己的平台。

意愿匹配度的重点就是识别：谁会"放鸽子"，谁不会"放鸽子"。

第 3 节

简历筛选的一个核心

筛选简历最核心的就是不要被简历中各种"高大上"的词汇和看似满满的工作经验以及各种名企的背景所迷惑。对任何没有结果的简历，都应在筛选的时候抱以高度的警惕。尤其是一些看似很优秀的简历，这一点同样适用于面试甄选。

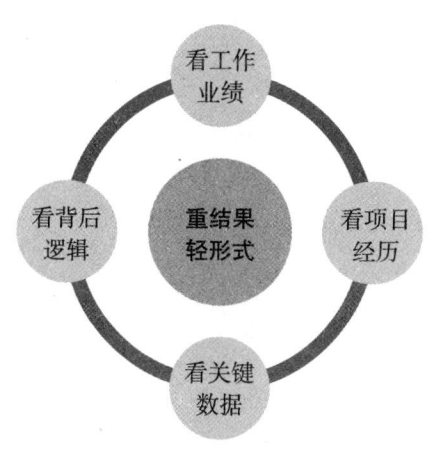

图6-3 简历筛选的核心和侧重

因此，简历筛选从某种意义上讲，也是面试甄选的第一步，更应该重结果、轻形式，可以从以下四个方面展开。

一、看工作业绩

无论候选人的简历描述得多么高端、内容多么丰富、过程多么翔实、语句多么华丽，我们都要看他每项工作的具体结果是什么。

二、看项目经历

无论候选人在简历中展示了多么厉害的工作业绩结果，还必须要看这些工作业绩具体是如何达成的。

三、看关键数据

无论候选人在简历中展示了多么翔实的过程以及漂亮的结果数据，都必须要关注过程中的具体数据和结果数据是否匹配。

四、看背后逻辑

对于候选人的简历，还需要关注其每份工作变化之间的逻辑、每份工作结果之间的联系、每份薪资变化之间的联系、每份工作内容之间的联系等，从变化中提炼共性，寻求原因和逻辑。

第 4 节

面试邀约话术

筛选到合格的简历后，接下来就进入邀约阶段，如何才能约到候选人、让对方愿意前往公司面试呢？

一、电话邀约话术

（一）主动投递简历的候选人

认真阅读简历，初步了解应聘者的基本信息。要仔细看候选人的家庭背景、愿景、未来规划中是否存在不确定入职和不稳定的因素（如住址与公司之间的路程等）。对于岗位工作内容和候选人曾经的岗位工作内容之间的区别，只要相差不太远即可。要确认候选人是否已经入职，没有入职的话，只需要沟通好面试的时间和地点就可以了。

> **案例智库**
>
> HR：你好，请问是×××吗？（确认是否本人）我是××公司的招聘主管/专员，在××网站收到了您投递我们公司的××岗位，还有印象吗？
>
> 候选人：是的，我有投简历。
>
> HR：我想了解一下，您现在是在职状态，还是离职状态呢？

候选人：暂未入职。

（如果说已经入职了，也可以继续聊一下入职公司的情况，或者直接感谢结束对话）

HR：公司经过初步审核觉得您比较适合我们公司这个岗位，所以打电话邀请您明天来公司进行面对面沟通。

候选人：好的。

HR：那约明天上午 10 点到我们公司来面谈，您方便吗？或者说您最近的哪个时间段方便？

候选人：我有时间，可以的。（或者表明某个时间段）

HR：好的，那我们明天上午 10 点不见不散！稍后我会以短信的方式，把详细地址及需要携带的资料发到您的手机上，请注意查收。

（二）未主动投递简历的候选人

对未投递简历的候选人和投递简历的候选人的电话邀约方式是不一样的，要更加注重让候选人了解公司的情况。最好可以通过电话了解清楚候选人以往工作岗位的工作内容、通勤时间、未来规划和薪酬福利要求等。可以根据这些信息，找到吸引候选人过来面试的点，确认候选人被吸引了，再去约定面试时间。

案例智库

HR：你好，我是×× 有限公司的人力资源部，×× 网站给我们推荐了您的简历，请问您是在求职中吗？

候选人：是的，你们公司是做什么的？（对于"已经在工作，不考虑"的候选人，可以与其加微信，保持联系）

HR：我们公司主要经营时尚女装，是自营品牌，主要业务在省内，在各市县拥有专卖店 110 多家，商场和地铺都有，今年主要向全国拓展，计划 5 年内上市。

候选人：你们招什么岗位呢？

HR：正在招聘区域销售主管，岗位主要工作内容是负责门店员工队伍建设和管理，帮助门店达成业绩，与总部各部门和门店员工沟通。

候选人：这个岗位有什么要求？

HR：有女装、快消行业销售主管经验的优先，最重要的是有销售经验和带队经验，有过类似岗位的经验，即使是不同行业，相信您也可以胜任的，而且我们公司有各种培训帮助您上岗。

候选人：这个岗位的薪资待遇是怎么样的？

HR：您期望的薪资是多少？

候选人：我当然是希望越多越好／我希望的也不一定是你们给的／你们能给多少？（候选人可能会在此不屈不挠地反复问）

HR：这个岗位我们当前能给到的范围是 6K—12K，需要您过来面试确定能力，才能给出最终的薪资，不过以您的工作经验，我相信面谈通过后，是能给到您满意的薪资的。（后半句尤其重要，一定要说，不说效果会打折扣）

候选人：你们的具体地址在哪里？你先发一个给我，方便的时候我过去。

HR：（告诉对方地址，并敲定具体时间）好的，××路××号，您看什么时间方便，跟您确定一个具体时间，我也提前跟部门负责人约好面试时间，方便您来的时候负责人在公司，能给您面试。

如果候选人提供了具体时间，确定好后续面试邀请函；如果候选人坚持不提供具体时间也没关系，可以加微信发面试邀请函，但是不写具体面试时间，如稍后我会以短信的方式，把详细地址发到您的手机上，请注意查收。

二、平台直聘话术

HR 与候选人聊天的第一种情况：有简历的。

案例智库

HR：您好！我是××公司招聘负责人，公司主要是从事体育教育培训的，目前在招聘销售人员。请问您最近在看新的工作机会吗？

候选人：是的。

HR：好的，现在在××市吗？

候选人：是的。

HR：好的，方便发一份简历过来吗？

候选人：好的。（发简历）

HR：我先看下您的简历，稍后我联系您。

候选人：好的。

（一分钟到两分钟后打电话过去）

HR：您好×××，我是刚在某平台上联系您的××公司人力资源部，刚看了您发过来的简历，有几个方面想了解一下。

候选人：好的。

HR：我看了您的简历，专业并不是与销售相关的，为什么现在想来做销售这份工作呢？

候选人：销售能锻炼人/赚钱/自己喜欢做销售/销售门槛低/我也不知道要做什么就投销售了。（初步判断做销售的意图）

HR：好的，我这边对您有了一个初步的了解，但是对于您本人的实际情况我了解得并不多，从简历上我也只能大致了解到您的工作和学习情况，而且您对于公司的了解，仅从招聘网站上获取也不够全面，×月×日咱们公司有面试安排，您这边×点能过来吗？咱们可以面试一下，互相做个进一步的了解，您看呢？

候选人：好的／暂时没时间。

HR：您加一下我的微信，我会把公司的企业介绍、面试邀请函和面试地址发给您，您可以提前了解一下公司的详细信息，其他问题咱们可以在面试的时候具体谈。

（对于暂时没有时间的，可以要电话和加微信，保持联系）

候选人：好的。

HR：（加微信后）您好×××，稍后我把公司的面试邀请函、企业网站、面试地址发给您，您可以提前了解一下。

（发送面试邀请函时加一句，"收到请查看能否正常打开"。继续发面试定位、公司网站）

候选人：好的／收到。

HR：好的，咱们就×点面试。

候选人：好的。

HR：好的，那我先忙了，咱们就×点见。

HR与候选人聊天的第二种情况：没有简历的。

基本思路一样，只是在要简历的时候，对方说没有。那HR就可以说："好的，您这边方便发给我一个联系方式吗？"下一步，发送对方电话号码申请，之后和上面的思路一样，电话联系，可以对着他在平台上写的简历情况来询问和确定面试时间。

综上所述，要做好简历筛选需要注意以下几点。

1. 在筛选简历环节直接剔除不符合基本要求的简历：综合考量客观条件和项目经历以及担任的角色。

2. 筛选简历时，将有疑虑的候选人列入待定，重点标识出自己对于简历的疑问点，在面试过程中进行提问。

3. 筛选简历或与候选人沟通初期，明确对方需求，邀约时针对需求吸引对方前来面试。

第七章

面试甄选五维度的操作方法

第七章 面试甄选五维度的操作方法

说起面试，你的脑海中是否会闪过以下一些场景：

候选人面试的时候口若悬河、思维敏捷，试用期时却"高开低走"……

候选人在面试中给人感觉一般，结果入职后，却像股票一样"低开高走"……

候选人在面试的时候，表现出对公司和岗位的认可，但是入职不到一周就离职了……

出现以上情况时，是候选人不合适？是面试过程中没有用到合适的方法？是没有匹配？还是招聘官没有一双"金睛火眼"？作为招聘官，如果完不成招聘任务、影响用人部门的工作进度，进而影响公司的业务，最终是要承担责任的。

要想规避上述状况，就要练就面试中的"火眼金睛"，做一个犀利的招聘官。

可是，如何才能成为一个犀利的招聘官呢？

第1节

确保招聘有效性的两大维度

一、言语真实性

即面试官在面试的时候，要判定候选人讲的是真话还是假话。例如，面试某专员某项工作业绩时，从对方的回答中判定其工作业绩的真伪。

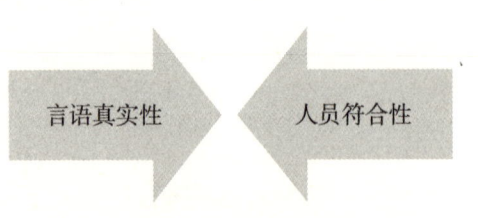

图7-1　确保招聘有效性的两大维度

二、人员符合性

即当面试官根据5个维度和10个要素判定候选人讲的是否是真话时，要判定其是否符合岗位要求。例如，面试销售人员，岗位要求长期出差，可以先了解对方的家庭情况，判定他的意愿度。

在面试有一定职场经验或管理经验的"老鸟"时，面试官如何避免误判呢？可以用以下几个方法。

(一)细节追问法

即在面试的时候紧追不舍,用5W2H的方式从简历中充分了解你想要了解的关键信息。

用5W2H的方式,对具体实施要点紧追不舍。例如,候选人在一个月之内招聘到30位技术人员,对于此成功案例,面试官可以用5W2H的方式追问细节,如在什么时间、什么地点、在什么情况下、在什么样的公司背景下,具体招聘了哪些岗位?岗位的层次是如何分布的?每个岗位的数量是多少?

(二)颠倒顺序法

即在面试的时候,打乱对方的顺序节奏提问。

不按照传统结构化面试的顺序按部就班地提问,可以直接切入角色扮演、案例分析、打乱对方精心设计好的面试顺序,让其跟着面试官的节奏走。

图7-2 面试中避免误判的几个方法

(三)间断重复法

对于拿不准的信息或者关键要素信息,面试官需要在不同时间段,设计出一连串的、目的相同的问题间断重复提问,互相验证。一般来讲,判断某个点是否精准，至少需要三次验证，才能避免误判。

千万不要光看所谓的第一印象，面试就是大胆假设、小心求证，最终只能相信行为表现和现象背后的逻辑分析，切忌仅凭第一印象或者某个工具，或者某一个点就把候选人判"死刑"了。

（四）快速插话法

突然打断并转换话题，打乱对方的表达节奏。

为了彻底打乱节奏，避免对方造假，面试官要在候选人谈得最欢的时候突然出击。几轮操作以后，候选人就比较难以流畅地造假了，真的假不了，假的真不了。

许多时候，在候选人滔滔不绝之际，优秀的面试官早已从对方的回答中捕捉到了自己想要验证的关键信息了，但为了迷惑候选人，面试官表面看起来是在听候选人描述，但实际上却已在思考下一个需要验证的关键信息了，此时需要从下一节的五个方面验证候选人的符合性。

第 2 节

人员符合性

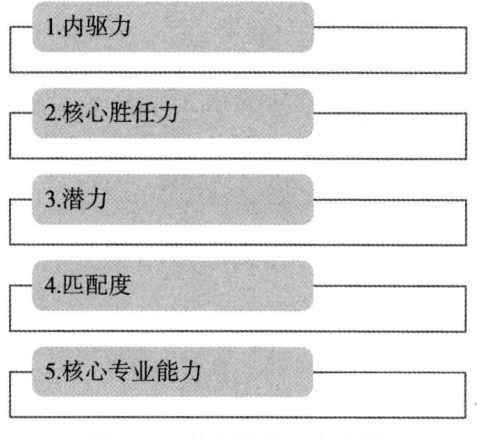

- 1.内驱力
- 2.核心胜任力
- 3.潜力
- 4.匹配度
- 5.核心专业能力

图7-3 符合性的五个方面

一、内驱力

即候选人愿不愿意到公司入职。若不愿意到公司来面试，则代表意愿不足。

二、核心胜任力

从客户导向和结果导向两个方面考量。从简历中和面试中评估对方的工作业绩。

三、潜力

从 IQ、EQ、AQ、学习导向和发展意愿五个方面评估。面试官在面试前要准备关于情商、智商、逆向的面试题目，以此评估。

四、匹配度

从沟通风格、工作风格、核心价值观三个方面进行评估。在面试的时候精准了解对方的沟通风格是开放的还是封闭的、从业绩中了解对方的工作风格是强势的还是拖延的，假如企业有加班文化，还要测试对方对加班文化的看法，以此评估价值观。

五、核心专业能力

从核心专业技能进行评估。例如，面试设备工程师，在专业技能上要求精通智能设备维修，面试官可以从精通智能设备维修上评估其专业技能。

案例智库

招聘官面试时，根据简历中的工作业绩、项目经验、职业追求等向候选人进行提问：您所从事的几份工作，所在的行业领域都不一样，但每个行业都不错，如果现在有个机会，您最想在哪个行业领域发展呢？

候选人：我很看好贵公司所在行业的发展趋势。

招聘官：为什么选择我们这个行业呢？您认真了解过这个行业吗？

第3节

面试判断人员符合性的五维度与十要素

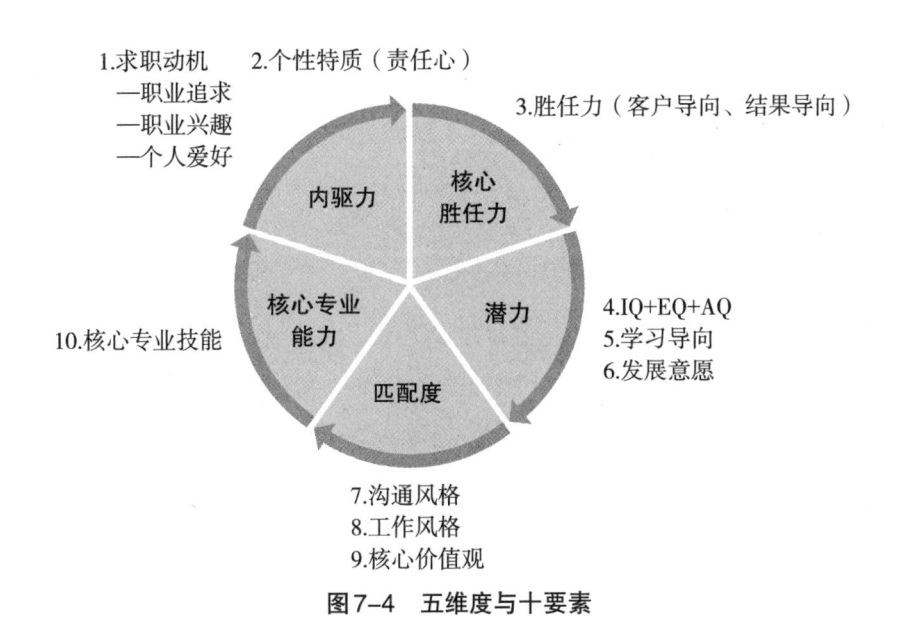

1. 求职动机
   —职业追求
   —职业兴趣
   —个人爱好

2. 个性特质（责任心）

3. 胜任力（客户导向、结果导向）

内驱力 / 核心胜任力 / 潜力 / 匹配度 / 核心专业能力

4. IQ+EQ+AQ
5. 学习导向
6. 发展意愿

10. 核心专业技能

7. 沟通风格
8. 工作风格
9. 核心价值观

图7-4 五维度与十要素

一、求职动机

是什么原因，让候选人想获得这份工作，在面试候选人时，要以终为始，了解候选人选择这份工作的真正目的。

二、个性特质

候选人与生俱来的性格特点是什么，在面试候选人时要了解其在工作中的责任心。

三、胜任力

即岗位专业素养的符合程度。

四、潜力

智商（IQ）即一个人的领悟能力；情商（EQ）即一个人感知别人情绪变化和调整自己情绪应对的控制协调能力；逆商(AQ)即一个人的心理承受能力、抗挫折能力。

五、学习导向

在面试候选人时用情景模拟面试，评估其学习的意愿度和学习力。

六、发展意愿

即职业提升欲望的强烈程度。

七、沟通风格

即人际交流的风格特点。

八、工作风格

即工作开展的风格特点。

九、核心价值观

即对人生观、价值观、世界观的原始认知模式。

十、核心专业能力

即其对岗位专业知识和岗位专业技能的掌握程度。

案例智库

某招聘官面试人事经理时，对方首先进行了自我介绍：我来自××市，此前曾在500人规模的制造业企业任人事主管，由于在这家公司已有3年，根据自己的职位定位，希望成功跳槽到人事经理岗位，公司的情况我大概有所了解，从规模和架构上符合我的目标岗位。

通过对方的自我介绍，招聘官了解了对方的求职动机：是人事经理岗位在吸引他。在交流十几分钟后，招聘官开始提问：您认为自己是什么样的性格呢？

候选人：开朗型性格。

HR：在以往工作中，您的上级领导和同事、朋友是如何评价您的呢？

候选人：上级评价我比较独断，同事评价我做事认真，朋友评价我讲义气。

HR：做好部门管理，您觉得需要具备哪些技能？

HR在对方最放松、最自豪的时候，突然连续有理有据地"贬低"对方，同时仔细观察对方的第一反应及应对措施，以此评估对方情商的高低。

第 4 节

如何构建适合自己的面试问题库

一、自创题库

不熟练的时候，可以根据五维度和十要素罗列一份问题清单，并对问题进行盘点。

·每一个维度，根据了解到的目的，先设置一个基本问题。

·每一个维度，再设置 2 个到 3 个延伸问题，作为对基本问题的互补验证。

·完善问问题的话术和语气，不熟练的时候，尽可能用口语的形式去描述。

·标注好每个问题除主要目的外还能得出哪些有用的信息，一般 3 项至 5 项就够了。

·选出问题后，融会贯通。

二、借鉴整合

·对照每个维度的评估目的，把面试问题库的问题分类，得出每个问题分别可以查看面试者的哪些要素，然后在问题后做好标注。

·整合问题，找到可以互相验证的问题，进行排列组合。

·完善问问题的话术和语气，不熟练的时候，尽可能用口语的形式去描述。

·选出精选的问题后进行归类，并融会贯通。

在面试过程中使用面试题库须注意根据个人熟练程度循序渐进：

不熟悉时，带着稿子，排好顺序，依次发问。

熟悉时，逐渐脱稿，排好顺序，依次发问。

熟能生巧之后脱稿，根据候选人面试的实际情况，随机发问。问题应看似杂乱，实则有很强的内在逻辑，要一环扣一环，要犀利。

面试结束后，如何考量候选人的入职意向？此时，面试官需要进行稳定性评估。

第 5 节

稳定性评估的四个维度

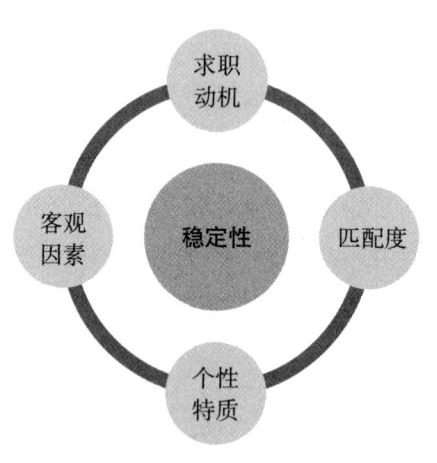

图 7-5 稳定性评估的四个维度

一、求职动机

识别简历，即候选人换工作的行业、年限、跨度、个人追求等。针对简历中的反常点发问，例如，跨专业的理由、跨行的理由、跨地域的理由、离职的理由等。

二、客观因素

了解候选人的年龄、性别、背景、从家到公司的距离、家庭环境及家人的要求等。

三、个性特质

即候选人的个性特点是否和公司的要求匹配。

四、匹配度

沟通风格不一致，会导致其日后在日常交往中与同事"话不投机半句多"。

工作风格不一致，会导致其日后在日常工作中与同事之间互相看不顺眼。

核心价值观不一致，会导致其日后难以和同事达成共识，在原则性问题上甚至会"兵戎相见"。

案例智库

在面试一位有外企背景的主管时，招聘官先提前从简历中了解了他的工作行业、年限、跨度、个人追求等，发现其求职岗位有三个，分别是人资经理、薪酬经理、绩效经理，岗位其意向并不明确。

招聘官：您求职的是什么岗位？

候选人：薪酬经理。

招聘官：对不起，我们公司目前招绩效经理，岗位不对标。

候选人：薪酬是我擅长的，绩效是我喜欢的，所以我想尝试一下绩效模块，公司离我家也近，只要步行15分钟，且孩子已上初中，随时可以加班。

招聘官：我们公司是民企，而您一直待在外企，您能适应民企吗？

如果能，为什么能呢？

通过面试，可以评估候选人的思维模式和行为习惯、沟通风格、工作风格，还能验证候选人是否能融入不同的文化中。

面试官对候选人的综合稳定性进行评估后，在面试中高端岗位时，还需要把握另外两个有效的方法。

第6节

面试核心专业技能的有效方法

传统做法	有效做法
・学历 ・经历 ・证书 ・个人陈述	・实操 ・模拟 ・角色扮演 ・案例分析

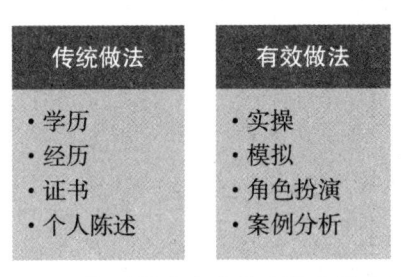

图7-6　面试核心专业技能的有效方法

一、传统做法

在面试岗位专业技能时，有些招聘官喜欢从学历上、经历上、证书上及个人陈述上来提问和评估。

二、有效做法

在面试岗位专业技能时，另一些招聘官则会从工作业绩、情景模拟、角色扮演、案例分析出发进行提问和评估。

案例智库

招聘官面试招聘经理时，提出了一系列的问题：如果公司要在1个月内招聘 15 名销售员，请问您在 1 个月内如何招聘到 15 名销售员？开展工作的思路和流程是怎样的？

明确思路和流程后，再进行现场模拟。

"假设您是用人单位招聘经理，如何与候选人沟通？"

"候选人如果表示薪资太低不来面试，您该如何邀约面试呢？"

模拟完后，了解其如何建立招聘渠道。

"是否碰到过异常？是哪些异常？您是如何处理的？"

接着可以与候选人互换角色，最后进行面试结果的评价。

该招聘官只问了一个系列的问题，就用基于实战的方法把招聘需求的挖掘与分析、渠道的开发与选择、简历的筛选、邀约技巧、面试谈判能力等全部测试到了。

第7节

面试时间的把握

招聘官就面试的时间应注意把握两点：

1. 没必要在核心要求不符合的人身上浪费面试时间。

2. 越是看起来"完美"和"拿不准"的人，越要多花时间去验证。

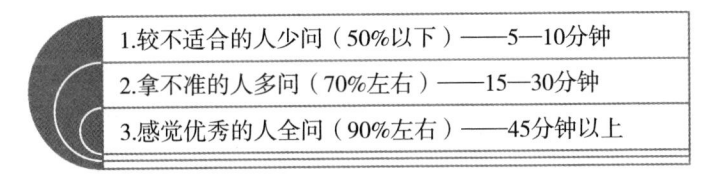

1. 较不适合的人少问（50%以下）——5—10分钟
2. 拿不准的人多问（70%左右）——15—30分钟
3. 感觉优秀的人全问（90%左右）——45分钟以上

图7-7　面试提问时间把控

案例智库

某招聘官面试人事经理时，发现其简历上写着：全盘负责公司的人力规划工作。这时就要看对方对于人力规划是怎么做的。

对方回答，我们先明确公司的战略目标，后了解公司的业务流程，接着明确公司的架构，最后计划以往的人效和人力需求量。

此时就要问，公司的战略目标是怎么制定的？现在公司的架构是扁平型的还是矩阵型的？公司现在的人力需求是多少？以验证他是否真正全盘操作过，面试时间可以在45分钟以上。

通过五维度十要素的评估及候选人与公司岗位面试后，招聘官要进行输出，就是要用人岗匹配的方式评估其是否真的与公司匹配。

第 8 节

人岗匹配的方式

忠诚，即了解候选人追求什么，岗位与候选人的追求爱好越靠近，候选人待得时间越长，稳定性越好。

敬业，即了解候选人喜欢什么，岗位与候选人的追求爱好越靠近，候选人越敬业，态度越没有问题。

绩效，即了解候选人能做什么，即岗位是否能体现候选人的个人价值。

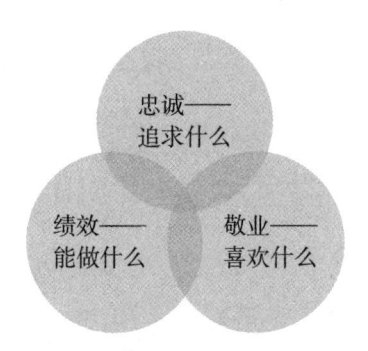

图7-8 判断人岗匹配的三个维度

案例智库

某招聘官面试研发员时，候选人年龄42岁，从简历上显示其从大学毕业至今，一共经历过3家公司，平均在每家企业做6年，这表示其在公司任职的稳定性很强。由于产品从研发到开发至少需要两年，所以从他的追求上评估其稳定性是合格的。

招聘官接着提问：公司有一项新的研发产品需要经常加班，请问您接受加班吗？

候选人回答：我们研发员加班是常态。

这表示他的工作态度是合格的。

招聘官继续问：请问您之前有怎样的个人业绩？

候选人回答：某公司的大型智能化设备是我们研发团队开发的，现在已申请专利。

这里可以评估他的个人业绩。

综上所述，为了使招聘不"流产"，需要注意以下几点：

1. 面试时一定要判断候选人的言语真假。

2. 面试要紧扣五维度十要素展开。

3. 面试时一定要反复使用细节追问法、颠倒顺序法、快速插话法、间断重复法评判真伪。

4. 要把握面试的时间，不宜过长，也不宜过短。

5. 面试中要从忠诚度、敬业度、个人业绩三个维度进行人岗匹配。

第八章

面试薪酬谈判实操手册

第八章 面试薪酬谈判实操手册

说起面试薪酬谈判，你的脑海中是否会闪过以下一些场景：

企业在招聘中，虽然所有的HR都想像华为、阿里那么任性，但是，现实情况是，绝大部分企业做不到。

当公司给的薪酬低于市场普遍行情的时候，邀约别人不来……

公司给的薪酬低于市场普遍行情，邀约成功率低……

和老板说了很多次要调整薪资还是没动静……

和候选人谈得很好，可就是卡在了薪酬上……

做好选育用留，"选"永远是第一位的，如果选中了只关注薪资的候选人，那再有能力的人也谈不下来。

第 1 节

选好你的"菜"

一、初步选择方法

要想从简历和面试中识别哪些人是"只关注薪资的"、在不利条件下招聘到合适的人,就要精准识别岗位招聘需求。

(一)工作分析,降低岗位难度

有些公司动辄想用最低的待遇找到最完美的人。这年头大家都不傻,可以"忽悠"一次,但绝对不能持续。

所以,如果不能保证环境和待遇,最好还是回归现实。任何把招聘成功率寄望于候选人自降待遇的做法都是自讨苦吃,最靠谱的是对工作岗位进行深度分析,并降低岗位的要求。

(二)职业规划,提高岗位的趣味性和挑战性

岗位难度太大不好招人,岗位工作难度太低也不见得好招人。难度过低、没有任何挑战性的岗位,就算给出相对高的薪水,也不一定容易招到人。

案例智库

笔者曾经供职过的一家互联网公司某次招聘市场文员，岗位要求如下：

- 加 QQ、加微信。
- 群发消息。
- 在销售的指挥下参加推广活动、跑跑腿、打打杂。

招聘的人员，目标都是要培养成销售市场文员，薪资中等。

然而投递简历的人寥寥无几，且面试者的报到率低得惊人。

分析原因发现，该岗位的工作难度过低，几乎没有任何有含金量的技能，但是由于公司发展需要，又需要招聘储备销售，否则就会出现人才断层，因此又增加了该岗位的两项工作：

- 从协助组织市场活动逐渐过渡到自己组织市场推广活动。
- 客户群的关系维护。

二、关注薪酬的表现

确定岗位需求后，在薪资不利的情况下，招聘官在碰到有以下六种表现的面试者时，基本上不要对他们在薪资上作出让步抱太大的希望，常见的表现如下。

（一）快速跳槽时职位并未发生变化，但薪资有小幅提升

经常可以看到有候选人跳槽，但职位并未发生变化，甚至有时候平台反而变得不利于发展了，而只有薪资出现小幅增长的现象。这时就需要招聘官给予特别注意了。

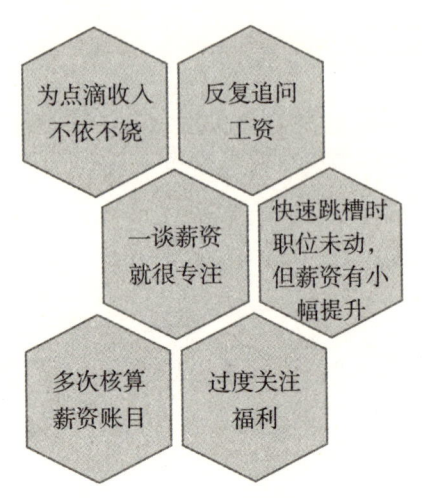

图8-1 六种关注薪酬的表现

（二）过分关注福利

无论是电话还是现场面试，都会有一些候选人时不时地问公司福利待遇。

（三）多次核算薪资账目

这些候选人往往每问一个福利和薪资项目，就在现场飞速盘算自己能拿到手的薪资是多少，并多次和面试官确认。

（四）一谈到薪资就很专注

这类候选人在回答其他问题的时候比较随意，但是一谈及薪资待遇，便马上全神贯注、两眼发亮。

（五）反复追问工资

对面试官基于客观情况无法当场明确的一些薪资福利项目，这类候选人会反复追问。

（六）为点滴收入不依不饶

无论是在过往的离职原因中，还是在现场的面试中都表现出对薪资总额、收入的寸步不让。

三、薪酬不利情况下的邀约技巧

当薪酬待遇相对低，候选人卡在薪资上直接拒绝面试时，招聘官可以这样处理：薪资范围可以稍微报宽一些，至少给别人一点希望；薪资架构稍微调整一下，如有责底薪。

不管如何，要先想办法把可能合适的人约来，如果人约不来，就没有然后了。

候选人应约面试的时候，招聘官要想做好薪酬谈判，就需要在整个面试的过程中按照下一节的七个步骤来。真正的薪酬谈判从简历筛选环节就已经开始了，而绝不是仅靠简单的临场发挥。

第 2 节

低薪招聘砍价的七种武器

一、慧眼识珠——精准识别对方除薪资外的需求

通过简历和面试，HR 还可以发现候选人除了薪资以外的其他需求。例如，个人发展、公司离家的距离、工作轻松稳定、人文环境、硬件环境、名气"镀金"等。

案例智库

笔者之前曾经在面试 UI 工程师的时候，问及对方的离职原因，对方表示是由于产品经理过于强势，觉得自己的想法得不到任何发挥，且平时工作中大家没有工作之外的交流，觉得氛围很压抑。经过其他的测试后笔者发现，该候选人虽是半路转行做 UI 设计，但是很有潜质，能力也符合要求，很有自己的想法。

因此对方对工作氛围和发挥个人想法的要求，实际上就是招聘官进行薪酬谈判的一个筹码。后来在薪酬谈判的时候，笔者以此为主要突破口，成功用低于市场价 35% 的薪资招聘到了该员工。

二、醍醐灌顶——适时点出对方关注的瓶颈

发现候选人从简历和面试中凸显出的个性特质、求职动机，以及候选人的专业技能和项目经验，识别候选人当前的职业发展困境，并当场指出候选人在意的不足之处，并获得候选人的认可。

三、指点迷津——解析瓶颈形成的关键成因

在获得候选人对瓶颈的认可之后，基于候选人的简历和在面试中展现的细节，招聘官可以给出逻辑严谨的瓶颈形成原因分析，并获得候选人的认可。

四、抛砖引玉——寻找公司卖点与对方瓶颈的联系

在获得候选人对瓶颈关键原因的认可之后，招聘官便可以挑明本公司为破解对方的瓶颈可以提供的有利条件，并用数据和逻辑向候选人证明，获得候选人的信任。

五、旁征博引——用实际案例佐证公司卖点

当候选人相信面试的公司可以提供他需要的除薪酬外的关键条件以后，就需要趁热打铁，用具体事例来佐证"关键条件曾经在公司获得过兑现"，最好能举一个公司内部的典型案例向候选人证明这不是空头支票。

六、以退为进——给予对方考虑时间，确认时间节点

当候选人对招聘官的论证初步采信后，招聘官不用当场逼问其是否入职，反而要欲擒故纵、展现大度，告知对方不必当场答复，请候选人仔细思考，并约定好答复时间。

七、避实就虚——强调优势，弱化劣势

如在谈判过程中，候选人提及面试官公司确实存在的一些劣势，招聘官要尽量引开话题，转移视线，把话题从劣势巧妙转移到优势上，切不可把时间浪费在试图向候选人证明公司的劣势不是劣势上。

案例智库

笔者曾经在校招的宣讲会上碰到学生提及公司的住宿条件，这一项在当时确实是公司的实际劣势。笔者当场回答："我可以很负责任地向大家保证，我们公司的宿舍绝对比五星级酒店差！"学生当场哄堂大笑，然后就有人插科打诨，现场人声鼎沸。

笔者稍等几秒后，又说了一句："但是，我也可以很负责任地向大家保证，宿舍虽然条件不是很优越，但是肯定干净、整洁。"

然后就有学生说："那就可以了。"

紧接着又有学生问："有洗衣机吗？"

笔者说："这个肯定有，不过不能人手一台，是公用的。"

学生又大笑说："公用就行了，我们没那么奢侈。"

然后，学生们基本都在很轻松的氛围中聊天，笔者赶紧将话题转移到其他地方。

一旦招聘官盯着宿舍条件试图向学生解释宿舍几张床、宿舍环境等，就等于给自己下了一个连环套，学生的好奇心会促使他们一直盯着招聘官越问越深，这样的对话无论过程怎么样，从结果上看，学生已经对企业产生一些不好的印象了。

第 3 节

HR 自毁形象的三类陷阱

面试官掌握以上步骤后,还需要注意如何不被候选人"放鸽子",这里需要避免以下三个陷阱。

图 8-2 避免三个陷阱

一、无底线承诺

面试官千万不要为了把候选人"忽悠"来,无底线地对候选人的要求作出承诺,尤其这四类不可随意承诺：试用期后的工资、其他的福利待遇、职务晋升、岗位调动。

当这些成为候选人谈判的关注点时,招聘官可以含糊其辞,不要直接告诉对方,而要用数据、信息暗示候选人,让对方自己对未来产生期待。

二、无条件限制

初步谈妥后,候选人会逐渐提出一些额外附加条件。笔者曾经面试过一个招聘主管,候选人的潜力、能力、意愿与公司的要求都很匹配,而且算是一个"低薪高能"的人。但是这个人在连续三次主动和我们确认公司同意她的 Offer 之后,就开始坐地起价,一个条件一个条件地增加,虽然都不难满足,但是这种行为对招聘官来说是不能容忍的。后来我直接让招聘专员通知对方,不用来公司报到了。

三、自我失控

HR 有时会因为被候选人"放鸽子"、被频繁毁约,或者因为候选人的一些无理要求情绪失控,和候选人针锋相对。这时要记得以下两点。

时刻记着公司需要的是人而不是岗位。要做好人岗匹配,适当时可以根据实际情况及时调整岗位的部分需求,把合适的人招聘进来。

做好现有人才盘点,不好招的岗位如在公司内部碰到合适的人,要随时进行内部调整。千万不可一味地向外求,也可以向内求,盘点内部人才后作出人员的内部调整也是一个渠道。

案例智库

笔者曾供职过的某制造业企业某次要招聘一名员工关系专员,只要求其负责现场一线员工流失率的控制,但面试了许多员工关系专员都不理想,他们仅停留在基本的访谈和表面工作上,很难和一线员工打成一片,不接地气。

最后还是从制造干部中选拔了一名基层主管。这名主管之前在零售业当过店长,有充分的和一线人员打交道的经验。调到 HR 部门担任员工关系专员一职后,她很快运用她的人际关系处理经验、接地气的工作风格以及现场一线的背景,将一线员工的员工关系工作开展得有声有色,一线员工的离职率也大幅降低。

综上所述,要想"低薪"拿下候选人,需要注意以下几点:

1. 没有最好的候选人,只有最合适的候选人。

2. 太简单枯燥的岗位要求会让人产生"混吃等死"的绝望心理,抱着这种心理的人早就为了贪图稳定进到大企业和其他稳定的单位了,绝不会进一家待遇中等的创业公司。

3. 薪酬谈判,不打无准备之仗,谈判过程中"七种武器"要环环相扣。

4. HR招聘既不能一五一十、原封不动地讲话,又不能没有底线地随意"忽悠",同时还要控制自己的情绪,因为HR,尤其是招聘官,代表的是公司的形象。

5. 要做好人岗匹配,"不拘一格降人才"。

第九章

校园招聘规划操作细则

第九章 校园招聘规划操作细则

校园招聘逐渐成为一个发展趋势。近几年，国家大力推动教育事业，高校也一直在扩招，低学历的劳动者逐渐减少，高学历的劳动者相对逐渐增加。以往做校招的基本都是一些知名度比较高、规模比较大的企业。而近几年，中小企业也逐渐开始做校招。

HR 在做校招时，是否经常遇到以下场景：

公司短期内急需招一批储备干部，但传统的招聘渠道无法迅速解决问题，如何通过校招解决？

前期辛苦做了许多预备工作，但是来校招现场面试的学生却寥寥无几，怎么办？

通过校招到公司的学生，没几天就以各种理由辞职，该怎么管理好刚毕业的学生？

那么，校招到底应该如何做呢？

第1节

校园招聘战略定位

校园招聘也就是招聘的一部分，既然是招聘，就应该有招聘目的、招聘需求、招聘规划等。

招聘规划就是招聘的战略定位，而招聘的战略定位实际上就是整个公司人力资源规划的战略定位，是结合公司的中长期战略发展，制定的公司人力资源战略规划。

那么，如何把公司的中长期战略发展落实到校园招聘上呢？其实只是把范围缩小而已，思路是类似的。

校园招聘的战略定位可以分为两大类：短期应急和中长期储备。

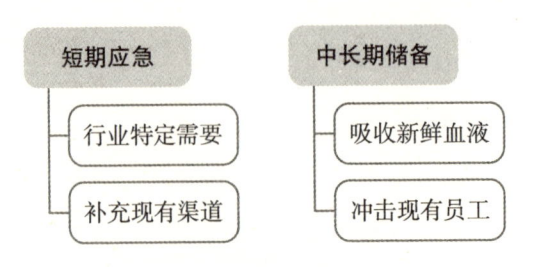

```
短期应急                中长期储备
├─ 行业特定需要         ├─ 吸收新鲜血液
└─ 补充现有渠道         └─ 冲击现有员工
```

图9-1　校园招聘分类

做好定位分类是非常必要的。如果前期没有清楚定位，或者清楚了却没有仔细研究，校招后期的运作会受到很大影响，包括如何选择院校、如何选择学生、如何筛选学生等。

一、短期应急

有些行业看上去人并不是很多，但一招聘就招几十人，一般情况下是为了应急。

什么是短期应急？表现得比较明显的是制造业和培训业。当培训公司想招聘一些短期发传单的人员，或者招聘人员解决一些其他问题时，可能不是很好招。关键是，对这些岗位，公司只想用高学历人员，怎么办呢？此时应该想想：一个毕业一年至两年的高学历人员，如果让他发传单或者做地推，他愿意去吗？

比如，一些企业说是招聘100名储备干部，却把他们丢到了生产线，而且一丢就是半年或者一年，这哪里像是培养干部？制造业普工招聘很困难，人员也不稳定。但是如果在招聘之初就明确告诉实习生，他是储备干部，让学生产生期待，就很容易把他招进来。

连锁餐服务业也是如此。往往以招聘储备店长、见习店长为名目，一招就是几十人。

这其中也有极个别的一些公司，真是为了储备公司未来发展的人才，但更多的公司是为了解决公司或者门店当下紧缺操作人员的实际问题。

这就是短期应急：因现有的招聘渠道，例如传统的人才市场、网络反搜简历等效果都不是很好，于是校招就成了一种短期应急的手段。

二、中长期储备

中长期储备就是企业需要招来一些人进行长期培养。

笔者曾经供职过的一些公司招聘大专生、本科生，既不是用来顶替空缺，也不是用来应急，工作量也不是很饱和，这是为什么呢？

有可能是公司为了吸收一些新鲜血液，也可能公司内部整体人员学历较低，或者内部培养的人才太多，致使从外部招聘的人员在公司难以存活、难以适应公司的发展。这个时候，自己培养干部就成了一个比较好的方法，干部培养出来之后也能较好地适应公司的环境、发展。当然也要付出一定的成本，需要控制好。

中长期储备的核心目的，一方面是吸收新鲜血液，另一方面是冲击现有员工，即起到"鲶鱼效应"的作用。

但不管怎么做，公司招人究竟是为了短期应急还是为了中长期储备，都要有一个清晰的定位。

虽然校招的定位是基于公司的战略定位而制定的，但也并不是万能的，有些问题通过校招并不能解决。

那么，校招究竟能解决什么问题？通过校招能招到什么样的人呢？

首先，校招可以解决中长期的人员储备问题。如果基层性岗位短期缺人，又没有什么技术含量，通过校招也可以解决。

但是如果招聘的这个岗位需要长时间的技能、知识储备以及经验的积累才能胜任，寄希望于刚刚踏入社会的学生意义不大。切忌把所有的宝都押到校招上，要根据公司的实际情况进行规划。

因此在做校招的时候，一定要考虑清楚校招的战略定位，明确了定位，就能很清晰地知道要找什么样的学校、什么样的专业、什么样的老师、招聘什么样的学生。

了解到整个校园招聘的定位之后，就可以开展校园招聘的下一步——校园招聘的人力规划了。

第 2 节

校园招聘人力规划

一、校招痛点

以下是校园招聘（以下简称"校招"）人力规划经常碰到的几个痛点：

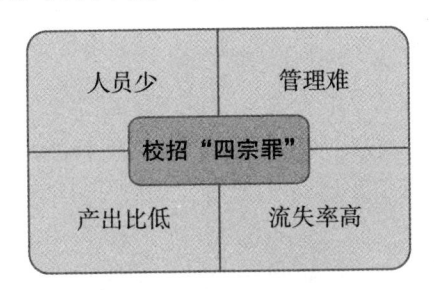

图9-2 校招"四宗罪"

（一）人员少

费了很大力气，但是招来的学生不多，质量也上不去。可能筹划了几个月，实际只招来三五个人，或者十个八个。

（二）管理难

新人进来后，人少也就算了，管理也很难。除了"90后""95后"难管理，"00后"也开始步入职场，管理更是难上加难。

（三）产出比低

产出比低，这很好理解，即把新人培养成骨干比从社会上招聘一个"成品"花费的成本高很多。例如，从社会上招聘一名专员，可能稍微培养一个月甚至半个月，就可以支撑起部门运作。但是如果从学校里招聘毕业生，这个培养周期就会相对比较长，而且人员的流失率也偏高。

（四）流失率高

辛辛苦苦把前面的工作都做好，好不容易把人培养得可以独当一面了，结果人却离职了。这样，公司的损失就会非常大。

二、校招配置思考

因此针对以上痛点、难点，在做校园招聘配置的时候就要考虑好以下几个问题：

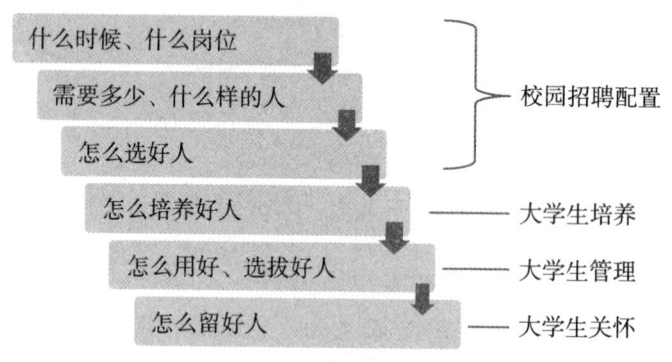

```
什么时候、什么岗位  ┐
需要多少、什么样的人 ├ 校园招聘配置
怎么选好人         ┘
怎么培养好人  —— 大学生培养
怎么用好、选拔好人 —— 大学生管理
怎么留好人   —— 大学生关怀
```

图9-3　校招前要想好的问题

（一）校园招聘配置

即基于公司的战略定位，公司究竟需要什么样的人？需要在多长时间招聘到这些人？

公司究竟需要基层的岗位，还是需要有一些技术含量的岗位，或是需要有一定管理能力的岗位？

设计好面试的条件，明确怎么去选好这样的人。

案例智库

某企业招聘大专生，公司的规模两三百人，对这批人的定位是：作为未来技术人员和基层骨干人员、工程师的储备。于是基于这个目标进行倒推，需要什么样的人？这些人现在需要掌握什么样的技术？需要经过多长时间的培养？这样就可以推算出来这些人需要什么时候到位。如果这个人的培养周期是一年，那么他一年前就需要到位，如果这个人的培养周期是半年，那么他就需要提前半年到位。而且还要考虑正常情况下大学生的流失率，并以此倒推实际需求人数。

（二）大学生培养

校招不同于社招的一点是，表面上看上去是一个招聘，但其实"选育用留"都有。把学生招来之后，并不代表校招已经结束了，还要考虑怎么培养他们。

（三）大学生管理

培养他们，就要考虑怎么去用他们、怎么去管理他们。由于成长环境不同，现在的学生不再是上级讲什么，他们就听什么；安排什么，他们就学什么。现在的学生见多识广，再想通过"画饼"管人已经不切实际了。

（四）大学生关怀

当人选好了，也培养好了，这个时候就要考虑怎么留下他们、留好他们。

学生有一个非常突出的特点就是一开始往往不会把需求讲出来。

首先,他们的选择很多,一些需求不会讲出来。其次,他们踏入社会的时间不是很长,不如职场中人主动。最后,他们认为你在宣讲的时候讲得很好,对你抱了很大的希望。他们进入公司后,会观察公司对他们的调岗、加薪或者安排工作等,那些让他们不满意的地方,他们多数是不会讲出来的。

如果这个时候没有做好关怀,往往就会出现人员流失,有的时候甚至会出现第一个月走一个,第二个月走三个的不良趋势。因为他们之间会进行同期的交流,也会进行同岗位交流,然后就会出现此起彼伏的人员流失。

如果这个时候出现人员流失,那么公司付出的成本会比前期没有招聘到人的成本更高,因为已经投入了很多的培训成本。

三、三维度考量校招需求

对于校招需求,可以从交期、质量、成本三个方面进行考量。

图9-4 考量校招的三个维度

(一)交期要求

通过校招进行顶岗招聘,需要学生在什么时候到位呢?通过倒推,如果交期是一个月,就需要保证这些人在一个月后到岗。

那么针对中长期的人才储备招聘呢?这里前面也探讨过,可以通过岗位对人员素质、学历、技术的要求和培训时间倒推出交期。

（二）质量要求

如果要招的是管培生，就不用考虑专业。但很多 HR 会把自己限定住，设定好专业。例如，要招聘管培生，就一定要考虑管理类专业吗？管理类专业的人真的就懂管理吗？校园招聘实际上就是广撒网，要的是潜力，不是能力，因为他们基本没什么能力。如果招聘的是营销类的管理人员，反而需要从营销方面下手，而不是从管理类的学生下手。假如需要技术类的学生，就需要考虑从工科类院校招聘。

（三）成本要求

成本的要求就是，公司为了招聘这些人、培养这些人，愿意花费多大代价。在这里，很多人会忽略整个过程中的成本问题，只考虑招聘成本。

四、校招交期三阶段

下面具体分析校园招聘中的招聘交期的三个阶段。

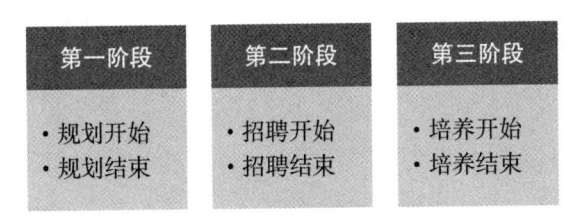

第一阶段	第二阶段	第三阶段
• 规划开始 • 规划结束	• 招聘开始 • 招聘结束	• 培养开始 • 培养结束

图9-5　校招交期三阶段

第一阶段：规划开始以及规划结束的时间。

第二阶段：招聘开始以及招聘结束的时间。联系学校的时间、联系老师、学生等都属于招聘阶段。招聘结束包括联系好学生、宣讲会做完、学生报到。

第三阶段：培养开始以及培养结束的时间。有些企业会将培养阶段前置，为什么呢？因为有些学生在大四上学期是要上课的，因此在这段时间，企业会与他们进行互动，让他们产生对公司的向往，以免被学生"放鸽子"，同时可以观察哪些人靠谱、哪些人不靠谱。

五、校招质量要求

学校质量
- 匹配企业和定位
- 只选对的不选贵的

学生质量
- 匹配行业和岗位
- 潜力意愿大于能力

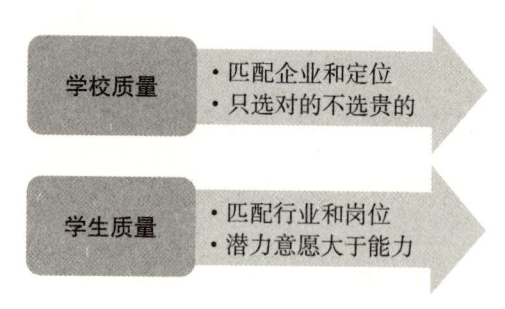

图9-6　校招质量要求

（一）学校质量

匹配企业和定位，只选对的，不选贵的。

要根据公司的实际情况进行选择，而不要好高骛远。选择学生的时候只选对的，不选贵的。公司真的需要"高精尖"的学生吗？其实也不尽然，要根据公司的实际需求定位。例如招助理，每天只是打杂做重复性工作，那么如果招聘了一个有能力、有潜力、野心大、学霸型的学生，就是不稳定的。

（二）学生质量

匹配行业和岗位，潜力意愿重于能力。

招聘的质量要求就是人岗匹配。笔者曾经服务的某公司在选择院校的时候要求英语过六级、成绩优秀、硕士研究生。但是后来结果表明，硕士生普遍不如本科生"放得开"，尽管这些硕士生都是211大学本科毕业的。这样的结果让人很惊讶，觉得硕士生的潜力不如本科生，这些人入职之后潜力不行，且要价很高，结果却不尽如人意，这就是招聘需求制定得不合理。

六、校招成本

下面详细讲一下校招的成本。既然提到成本，就一定要学会算账。

显性成本	隐性成本
·招聘渠道成本	·招聘时间成本
·招聘人力成本	·培养时间成本
·培养人力成本	·雇主品牌影响
·招聘其他成本	·培养其他成本
·……	·……

图9-7 校招成本

（一）显性成本

招聘的成本、意外、差旅、住宿费等。

（二）隐性成本

1. **时间成本**：即公司培养学生的时间成本。

2. **培养成本**：直接的培养成本，专门负责大学生培养的负责人也是成本。

3. **雇主品牌影响**：学生的流失率会对雇主品牌造成影响。在培养过程中因学生的流失导致老员工的流失，也会造成对雇主品牌的影响。

第 3 节

校园招聘渠道开发

一、校招渠道

关于校招的渠道开发可以总结为六点，简言之就是两个字——关系。

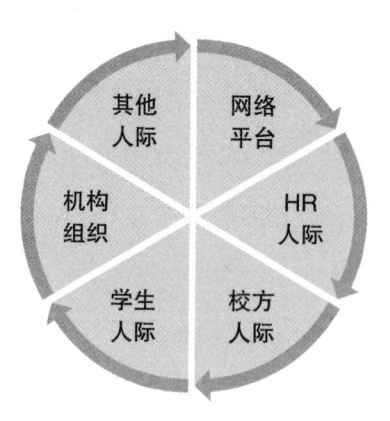

图 9-8 校招渠道开发的重点

（一）网络平台

招生办、就业办的网站都是网络平台，但是联系招生办负责人的时候，对方态度一般不会很热情。为什么？因为招生办不缺单位来招聘。

（二）HR 人际

指 HR 身边的渠道，如 HR 学习群等。做校招时，要想开辟新的渠道，可以在 HR 群里互换渠道，如果每个人贡献两家到三家，去掉重复的，至少也有一二百所院校。如此相互联系，在开展的时候也会方便一些。这就是资源共享，因此，大家不要舍弃身边的资源，舍近求远。

（三）校方人际

笔者上海的一个学员在上海校招，但效果不是很好。于是笔者告诉他，"你要找校方"。后来他联系了群内的渠道，并通过这个渠道了解了学生会的人和老师，最后轻松招到了 5 个人。

其实校方的人际关系很简单，例如公司赞助社团搞活动、某某校友群、新生做活动，等等。

（四）学生人际

笔者之前做校招和学校进行联谊时，刚开始跟老师讲具体细节，老师根本没时间。于是找来公司的该校毕业生推荐，他向笔者建议通过下一届学生会进行宣传，结果宣传效果很好。要挖掘自己公司内部的渠道，并从他们身上寻找资源。

（五）机构组织

许多企业做的实训基地类似中介，可以通过其他渠道和他们建立联系，然后获取他们手上的学生联系方式，充分利用网络上的、内部员工认识的、能够联系到学生的人，这些都可以成为校招的补充手段。

（六）其他人际

二、三维度做好准备

做好战略定位和人力规划之后就要从以下三点入手，解决问题。

（一）早布局

这也是为什么要根据企业的战略规划提前定位，因为要提前布局、确定方案。

（二）勤联系

不要"临时抱佛脚"，要经常联系，维护渠道。

（三）积资源

资源不要等用的时候才想到，要随时积累资源，毕竟熟人好办事，这是做人才资源积累最基本的素养。

第 4 节

校园招聘方案策划

一、方案策划思路

校招其实就是营销,即通过渠道让别人知道你在营销。让别人了解你、通过面试让别人喜欢你、最后让别人"爱上你"。

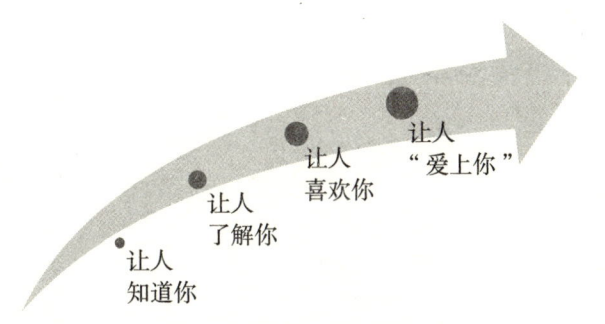

图9-9　校招的营销过程

整个校园招聘就是基于这四点进行的:

发布招聘信息,让别人知道公司。

校园宣讲,让学生了解公司。

进行企业详细介绍,包招企业的一些亮点等,让学生喜欢上公司。

最后与学生签约,让学生加入公司。

二、方案的策划步骤

所谓招聘方案的策划，其实就是营销的过程。方案策划无外乎以下几个部分：渠道开发、市场推广、活动准备和现场营销。

渠道开发 → 市场推广 → 活动准备 → 现场营销

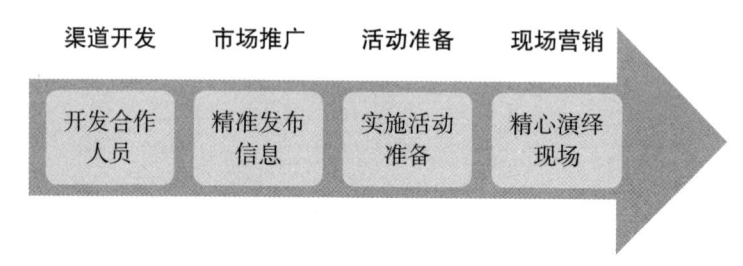

开发合作人员 | 精准发布信息 | 实施活动准备 | 精心演绎现场

图9-10　方案的策划步骤

（一）渠道开发

首先要有渠道进行展示，这样才能让别人知道你。如果没有渠道、没有关系、没有信息，就无法开展下一步。

（二）市场推广

信息发布要及时，内容包含你的招聘信息及公司介绍，这里注意不要讲太多老套的东西。

（三）活动准备

需要用到的素材、工具、物料等要提前准备好。

（四）现场营销

现场发挥，安排哪些人在什么时间节点扮演好什么角色等，还要根据现场情况及时调整。

三、校园招聘方案准备要素

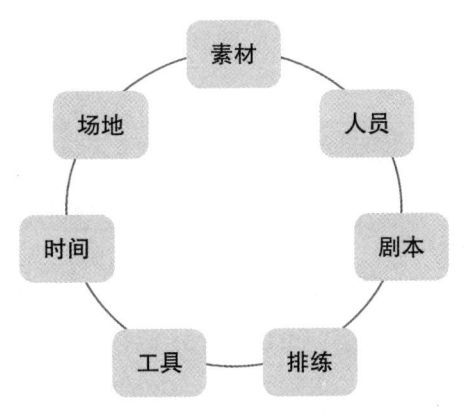

图9-11 校招方案准备要素

（一）素材

公司简介、信息。

（二）人员

活动参与人员、活动策划人员以及活动实施人员。

（三）剧本

过程中的细节，招聘人员演练等。

（四）排练

开展校招需要提前排练好。笔者某年开展校招的时候，去了四个人，并邀请了几个学生代表配合，先干什么、再干什么、整个过程中如何操作，都要事先说好，这样才能做到有备无患。

（五）工具

招聘过程中的工作道具。

（六）时间

要错开高峰，确保和其他单位的校园宣讲不冲突，同时要选择学生没有课的时候——放在上午效果不是很好，放在下午效果一般，最好放在傍晚，因为这个时候学生不是很忙。

（七）场地

同时多家公司进行校招时，校招场地可能一个在一楼，一个在二楼，如果校园宣讲做得好，就可以"拦截"，直接把去二楼的学生争取到你的专场。因此二楼和一楼虽然看起来一样，但其实差异是很大的。

最后通过一个案例，熟悉校园招聘方案的准备清单。

表 9-1　20××年10月之前招聘方案清单

渠道	目标招聘人数	岗位	候选人来源	需要的认真准备资源	数量	资源最晚到位时间	预计开始时间	预计人员到位时间	责任人	备注
校园招聘	15	见习销售	校园专场招聘会（市场营销、人力资源、工商管理、电子商务、经济贸易专业）	大专院校名单	2家	20××/9/21	20××/9/23	20××/9/31	杨××	苏州当地优先、考虑江苏省、安徽省
				学校对接老师	1名/校	20××/9/21	20××/9/23		杨××	
				学校对接学生	1名/校	20××/9/21	20××/9/23		杨××	
				宣讲场地	1处/校	20××/9/21	20××/9/23		杨××	投影仪、电脑、投影笔、话筒、音响
				公司宣传视频	1份	20××/9/21	20××/9/23		钱××	
				公司宣讲会PPT	1份	20××/9/21	20××/9/23		李××	
				应聘人员信息表	200份	20××/9/21	20××/9/23		李××	
				公司招聘海报（易拉宝）	1张	20××/9/21	20××/9/23		杨××	可重复使用（每次改时间、地点即可）
				公司简介（易拉宝）	1份	20××/9/21	20××/9/23		杨××	可重复使用
				公司招聘横幅	1条	20××/9/21	20××/9/23		李××	可重复使用（每次改时间、地点即可）
				公司招聘宣传页	200份	20××/9/21	20××/9/23		李××	
				公司现场面试问卷	50份	20××/9/21	20××/9/23		杨××	

续表

渠道	目标招聘人数	岗位	候选人来源	需要的认真准备资源	数量	资源最晚到位时间	预计开始时间	预计人员到位时间	责任人	备注
	5	见习销售	大型校园现场招聘会	招聘会学校名单	2家	20××/9/21	20××/9/26	20××/10/8	杨××	苏州当地优先，考虑江苏省、安徽省
				学校对接老师		20××/9/21	20××/9/26		杨××	
				公司招聘海报		20××/9/21	20××/9/26		杨××	同校园专场招聘会
				公司简介		20××/9/21	20××/9/26		杨××	同校园专场招聘会
				招聘横幅		20××/9/21	20××/9/26		李××	同校园专场招聘会
				公司宣传页		20××/9/21	20××/9/26		李××	同校园专场招聘会

| 第九章　校园招聘规划操作细则 |

这个表单是一个招聘方案的清单，校招大致分为两类，第一类属于专场招聘会，可以倒推出来要招聘几个人、需要几家学校才能完成；另外一类是非专场招聘会，也就是大型的现场招聘会。表格中详细介绍了宣讲的场地、视频PPT、应聘人员信息表、招聘海报等明细。专场招聘会和现场招聘会是不一样的，要做到事无巨细，因此在进行校园招聘会的时候一定要提前把这些准备工作做好，才能把校园招聘会做得更好。参考以上信息，再结合各自的不同情况进行查缺补漏。

综上所述，要想将校园招聘的规划做好，需要花费的精力和脑力劳动还是很多的：

1. 首先要清楚地了解校园招聘的战略布局。

2. 然后进行人力规划。

3. 不能忽略校园招聘的交期、质量和成本。

4. 与此同时要提早布局，确保渠道的稳定；制订详细的校招方案，将任务、素材、场地、时间、剧本、人员等考虑清楚后方可开展下一步活动。

校园招聘看似简单，实则牵一发而动全身，和整个公司的战略发展紧密相连，希望本章内容可以帮助读者在校园招聘时避免"踩坑"。

第十章

专场校园招聘会实施步骤

第十章　专场校园招聘会实施步骤

校招过程中是不是经常碰到忘记带 U 盘、PPT，甚至现场宣讲的时候出岔子的问题？又或者环境突然改变，时间也出现了调整，导致你的整个计划不能顺利进行，这时应该怎么处理呢？

排除定向输出，一般校园招聘可分为专场招聘和非专场招聘。专场招聘就是向学校申请的单独的招聘会，非专场招聘就是许多家公司在一起，类似社招的招聘会。本章先讲专场招聘会。

第 1 节

招聘前精心准备

一、准备内容

在招聘前应该准备什么呢？其实就是从五个维度出发，即常说的 4M1E，"人机料法环"，下面就详细讲解一下什么是"人机料法环"。

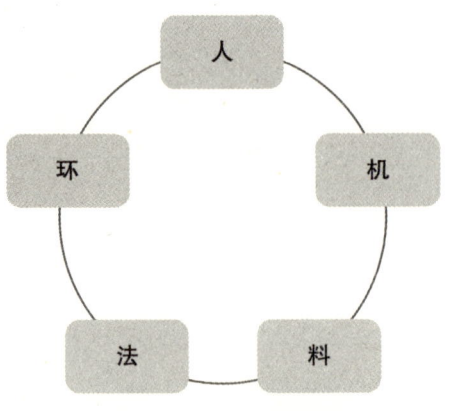

图 10-1 "人机料法环"

（一）人

就是在招聘过程中的人员，例如主讲人、面试人、材料准备人、协助人等。如果企业只有一人进行校招工作，这里的"人"就包括了之前联系学校的学生以及其他协助人，如学校系主任、就业办老师等。总之，需要把该找的人找到位，如果出现问题，一定要处理和沟通好。

（二）机

就是需要用到的设备、机器等。例如，电脑播放器等要提前确认正常。宣讲会场地里的机器设备也要提前确认正常，以防中途出现异常。

（三）料

例如，试卷、面试资料、传单等的准备。宣讲的素材、视频都属于物料，需要准备好，如果怕记不住，可以提前列出一份清单，以防万一。然后在校招的前一天进行排练。

（四）法

就是方式方法。

（五）环

人、机器、工具、物料等出现问题，后台是可以想办法解决的。但是如果"环"出了问题，将很难解决。这也是为什么一定要熟悉环境、提前了解环境。要根据环境及时调整布局，确保现场的宣讲能够按部就班地进行下去。

二、宣讲内容要点

校园宣讲究竟要讲些什么内容呢？一般分为四个部分。

（一）公司介绍

即公司的历史背景以及发展前景、公司的愿景、使命、价值观、公司的资质、荣誉等"高大上"的信息、资料，也即对学生有吸引力的东西，以及公司的发展规划。例如，笔者曾经服务过的一家企业，虽然没有上市，但是有明确的上市日程安排，这就是企业的加分项。

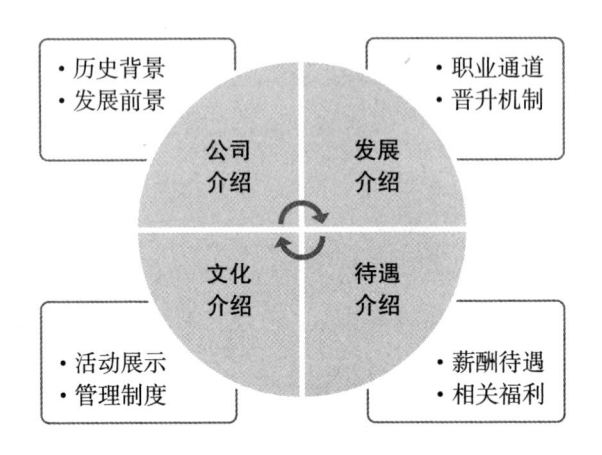

图10-2　校园宣讲的一般内容

公司介绍
- 历史背景
- 发展前景

发展介绍
- 职业通道
- 晋升机制

文化介绍
- 活动展示
- 管理制度

待遇介绍
- 薪酬待遇
- 相关福利

（二）发展介绍

对企业员工或者被招聘的学生来说，他们比较关注的是诸如企业的发展通道、晋升机制等，而且最好展示一下专门针对学生制定的职业规划。

例如，笔者曾经做校招时，都会直接用PPT把学生试用期的规划展示出来，与其口干舌燥地讲半天，不如直接让学生看。然后再举几个实际例子，让学生清楚地知道，他只要来公司，就会有一份很详细的职业规划。至少能让学生知道你很重视他，并且有相应的政策，要让他知道，他努力了多少就可以得到多大的机会。

（三）待遇介绍

这一点是逃不掉的，即使不说，学生也会问到。这里的待遇无非是薪资待遇和日常福利。如果公司的薪资待遇和福利待遇不是很有优势，在这里就可以把幅度写得宽一些，比如写平均年薪，同时把相关福利都放上去，让学生感觉很不错。例如，年终奖、五险一金、生日礼物，甚至公司食堂都可以写上去，因为这些都属于福利的范畴。除了工资以外，其他都是福利，这里是展示公司优势的一个关键点。

（四）文化介绍

对公司文化的介绍，可以通过多媒体展示公司活动进行宣传。这里公司的活动是要分类的：哪些活动是提升员工凝聚力的？哪些是做员工关怀的？例如，辅导、针对大学生做的一些读书活动等。通过这些，让学生知道公司除了硬性规定之外，还有一些软性的文化。这里除了展示公司的文化，更多地是要展示对大学生的关怀，让他们感受到公司对他们这些大学生的关怀与重视，说明公司既能说到，也能做到。

讲那么多，无非是要让学生看到，他在这个公司能够得到什么、得到多大的提升、有多大的前途和"钱途"。

这些就是做PPT宣讲的时候所要注意的地方，只有这些东西都讲到了，做的宣讲PPT才能够更加有效地吸引学生加入你的公司。

第 2 节

招聘中的有效演绎

一、演绎内容

那么，怎样才能把这些内容更好地展示出来呢？其实展示无外乎以下几点。

（一）目的

明确我们的目的是什么，即到底想吸引什么样的人到公司来。

（二）时间

做好时间的把控，宣讲多长时间、每个阶段需要多长时间都要提前想好。此外，整个方案的时间控制都要根据学校的时间安排进行适当调节，因为每个学校的时间安排不完全相似。

（三）地点

针对所宣讲的地点也要了解清楚，讲的地点、面试的地点、互动的地点等，以便根据情况的变化及时调整策略。

(四)人员

在招聘过程中要注意各类角色的分工,以及如何关注现场各类人员的情况,如"刺儿头"、听得很认真的、听得心不在焉的,都要观察到。

(五)内容、方式

讲的内容以及讲的方式,比如是自己讲还是通过问答的方式进行互动都要提前想好。

当学生提出他感兴趣的内容时,不要马上全盘托出,可以将他想听的多讲一些,把他不想听的放到后面,控制一下自己的宣讲流程,不要出现在讲解过程中学生离场的局面。

二、宣讲步骤

(一)开场预热

先和学生互动,把气氛调动起来。

(二)公司介绍

介绍前面提到的四个内容,这里不用讲太长时间,4分钟至5分钟即可。

图10-3 宣讲会步骤

(三)互动问答

这是校园宣讲的重点环节,如果做得好,就会引起学生的兴趣,让学生初步认可你这个人、认可你们企业。这里需要做宣讲的人有较强的控场能力。

（四）组织面试

互动结束之后就是组织面试。

三、宣讲异常处理

校园招聘有的时候会出现异常，一般可以分为四大类。

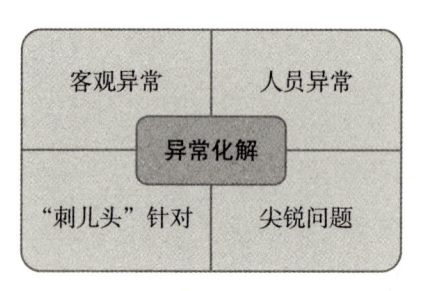

图10-4 校园宣讲会的常见异常点

（一）客观异常

例如，设备出现故障。有一次笔者去宣讲的时候，很长时间视频的音乐无法打开，最后是怎么解决的呢？用两台电脑同步，一台电脑用来放视频，另一台电脑同步放声音，尽量让音频和视频同步。针对这些客观异常，都要想办法去解决。

（二）人员异常

例如，人员到场率不高。对于这种情况，一般要提前发传单，即使在现场，也要在门口发传单，有时可以截住一部分去其他企业的学生。除此之外，也可以提前透露一下，宣讲时会讲解一些求职的技巧、简历的写法等内容，卖个关子，吸引学生的注意力，让他们去宣传，尽量达到效果。

（三）"刺儿头"针对

针对"刺儿头"，一方面要照顾他的面子，另一方面也要解决问题。例如，宣讲时可以安排人员在会场后排进行观察，注意一下是否有违反现场规矩的人，做好准备。如果有，可以拍拍他的肩膀，告诉他：同学，我这里有个问题需要帮个忙，能不能出来一下。其实就是安排他出去，尽量不要让他引起不良影响。

（四）尖锐问题

尖锐问题就是一些比较容易引起不良影响的问题。例如，"你们公司的工资那么低，我们去了有什么意义"？这些都属于尖锐的问题。关于尖锐问题的化解，后面会详细讲到。永远关注一个点：从问题本身出发化解问题。

案例智库

表10-1 宣讲会流程及注意事项

NO.	时间	时长	事项	责任人
1	8:30-9:00	30分钟	检查并准备好现场设备：投影仪、电脑、投影笔、音响话筒调试、PPT视频播放	
			将易拉宝、横幅张贴好，并准备好面试题、应征信息表、传单	
2	9:00-9:30	30分钟	在门口接待、发传单	
			安排座位，同时将视频循环播放，与提前进场的人互动交流	
			检查场地，并确定每个人的站位、临时面试地点，与提前进场的人互动交流	

NO.	时间	时长	事项	责任人
第一阶段：开场前准备阶段				
3	9：30—9：35	5 分钟	开场暖场：问候、抛砖引玉、引出主题	
4	9：35—9：40	5 分钟	播放公司宣传视频	
5	9：40—9：50	10 分钟	根据 PPT 介绍公司（4 个板块）	
第二阶段：宣讲阶段（过程中，其他工作人员分别关注宣讲过程中学生的表情变化，挑出最有意向的学生）				
6	9：50—9：55	5 分钟	请没有意向的人离开，并重新调整座位，将最有意向的学生调整至前排集中	
7	9：55—10：25	30 分钟	与学生互动，就学生关注的问题做交流（3 分钟穿插讲解如何快速成长）	
8	10：25—10：30	5 分钟	过程中穿插请两个人做 2 分钟到 3 分钟的分享：为什么选择本公司	
第三阶段：互动问答阶段（过程中，其他伙伴分别关注学生的表情和情绪变化，留意最有意向的学生）				
9	10：30—10：35	5 分钟	请没有意向的人离开	
10	10：35—10：45	10 分钟	宣讲填写规则，安排面试场地	
			发面试试卷和应聘人员信息表，考试和填写资料	

上表详细介绍了专场招聘会的整个流程细节，除了"责任人"一栏空缺，其他的完全是笔者曾经经历的一次专场招聘会的细节内容。

为什么要选择在下午进行宣讲呢？这其实就是一个细节问题，因为我们考虑到了学生的上课时间和休息时间。

关于海报、易拉宝也要注意一下，一定要贴在比较容易被看到的地方。

安排一位现场引导人员，把人员引导到位。安排互动交流人员，例如有些人来得比较早，如果他发现现场空荡荡的，他是会走的。对于这样的情况，我们一般会安排互动，先了解一下学生的情况，并循环播放 PPT 的内容。

在暖场的时候要注意一下所做的暖场活动、互动问答、都要紧紧围绕"让他们加入企业"这个核心开展。暖场其实就已经开始营销、开始对公司进行介绍了。

一切都要站在学生的角度去考虑，让学生看到收获、看到他来了公司之后究竟可以得到什么。曾经有一次宣讲，老师临时更换场地，新换的教室不能播放 PPT。当时笔者就是宣讲人，讲公司的情况、学生可以得到什么收获等。没想到学生爆满，笔者甚至没有介绍公司的产品，仅仅通过真实的数据以及案例，就让学生产生了代入感，让学生能想象到，到了这家企业所能得到的东西，而不是笔者灌输的他能得到的收获。

除此之外，要注意观察，注意哪些人听得比较认真、哪些人在开小差，在互动的环节可以调一下座位，把态度好的学生调到前面，有的放矢，使招聘得到更大的保障。

由于现在的学生喜欢快速成长，笔者一般会讲一下快速成长的方法，引起他的兴趣、打破他的认知、让他对你产生好感，然后喜欢上你的公司。

针对学生提出的一些异常问题，一定要注意不要正面回应，可以适当地重新定义问题，完美阐述公司的良好情况。

例如学生问："你们宿舍有没有洗衣机？"

如果你们宿舍没有洗衣机，怎么办呢？

你可以跟他这样讲："既然提到了宿舍的洗衣机问题，这里我就要讲一下我们公司的宿舍了，为了这一届新招聘的学生，我们公司的宿舍都是今年重新装修的。"

通过问题的转移重新定义问题，避免出现尴尬情况。

第 3 节

招聘后完美跟进

招聘后跟进应该怎么做？

图 10-5 招聘后的跟进工作

一、电话确认

这里要注意跟对方确认好报到的时间，以及对方请假回学校的时间等细节问题。

---

* Offer：即录用通知。

二、Offer 确认

对于 Offer 的确认也要注意，和对方确认好信息之后，要与对方确认指定邮箱地址，让学生产生正式感。

三、建群维护

Offer 发放完毕之后，要建群维护。目的是避免学生的流失，同时可以让学生产生一种仪式感，也方便发布通知。有时候也可以将有意向的学生都加入一个群，进行维护，然后与意向强的学生进行一对一沟通，确认录用后将他从群里删除，进行造势。这时候学生就会发现人少了，HR 就可以说明为什么群里人少了。当然，学生之间是相互联系的，当他知道人少了之后，就会产生一种危机感，就会想要加入，这也是一种维护群的方式。

总之要抓住人性的一点：越是容易得到的东西，越不懂得珍惜。整个流程电话确认、Offer 确认、建群维护，无非就是在打造一种仪式感，让学生明白，自己是经过重重筛选选拔出来的，而不是轻易得到这个机会的。

综上所述，为了做好专场校园招聘会，需要注意以下几点：

1. 注意 4M1E，提前做好准备工作，针对宣讲内容做好准备，为了避免出现问题，可以通过列表或者画图的方式将自己要宣讲的内容打好草稿。

2. 招聘过程中做好有效的演绎，通过 5W2H 进行梳理：基于什么目的、在什么时间、什么地点、做什么、怎么做、做到哪种程度等。

3. 这些动作完成之后就要考虑异常问题的化解了，针对会出现的异常问题做一下列举，并模拟解决问题。

4. 上述问题解决之后就是招聘后的跟进问题，要进行电话确认、Offer 确认和建群维护。

校园招聘的各个步骤环环相扣，缺一不可，希望本章能够帮助读者在校园招聘中顺利招到心仪的学生。

第十一章

非专场校园招聘会实施步骤

第十一章 非专场校园招聘会实施步骤

专场校园招聘会和非专场招聘会的区别在哪里？对非专场招聘会和专场招聘会两种情况，各自应该如何妥善处理呢？专场招聘和非专场招聘看似逻辑是一致的，其实存在很大的差异。

第 1 节

招聘前精心准备

一、注意要点

招聘前的准备，看起来可能和专场校园招聘会很像，但在做准备工作的时候要特别注意以下三点：

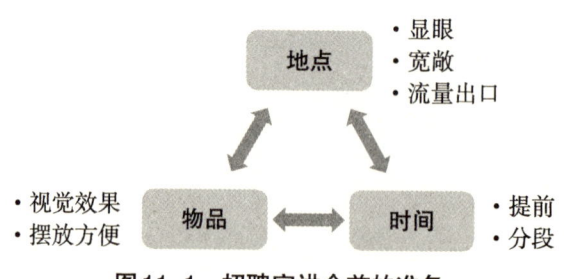

图 11-1 招聘宣讲会前的准备

（一）地点

你到达招聘会现场时，可能展位已经布置好了，也可能展位还没有布置好，这个时候就要看一下人流是从哪里进来的、又是从哪里出去的。如果时间允许的话，建议进行走位。开过店的都能理解，铺面价格的高低受人流量的影响。例如，有些在角落的展位，大家就不想过去。另外，入口的位置人流量会非常大，这时候学生看到人比较多，就会往里走一些，因此在做位置选择时一定要布好局。

曾经有一次，笔者去参加非专场招聘会，位置不是很占优势，怎么办呢？由于笔者对整个会场布局进行了前期走位，并针对人流量集中的几个点作出了重点分析，笔者就将易拉宝的摆放位置进行了调整，把易拉宝的位置放在了桌子的前面。因为面试的桌子只有1.2米，如果放了易拉宝就不能很好地进行面试了，易拉宝放在桌子后面的话，学生就不能看到易拉宝上面的文字。

因为非专场招聘会的空间都比较狭窄，如果在桌子后面放置易拉宝的话，空间会很拥挤。因此要注意尽量在空间上进行调整，让整个空间看起来比较协调。

除此之外，有些时候站位是可以调整的。曾经笔者在某学校进行校招，当时根据笔者的观察，流量出口处的效果是比较不错的，因此就将自己的位置进行了调整。当不能调整的时候，怎么办呢？此时可以将易拉宝放在显眼的位置，以便使学生更好地看到公司的信息，通过灵活变通，最大化地引流。

（二）时间

这里有两点需要提醒，如果想获得"地利"，就必须获得"天时"，即必须提前到达，时间上也要进行分段。分段是什么意思？分段就是在招聘的时候不要在展位等待，而应该将时间进行划分，哪些时间用于引流、哪些时间用来介绍、哪些时间用来面试等。这里切忌"姜太公钓鱼"，因为现在已经不是公司等人的时候了，我国的招聘市场已经开启了"抢人大战"，因此一定要提前布局、抢占先机。

（三）物品

要注意视觉效果和摆放方便，视觉效果是指给别人的视觉的冲击，而摆放方便就是指展架及易拉宝的摆放。

笔者某次做招聘的时候，有一家企业的位置和人流量都非常不错，当时这家企业来得比较晚，而且没有带易拉宝。他们来了之后就像开会一样，直接坐在了那里，由于位置不是很宽敞，他们就把海报搭在桌子上，一半露在外面，一半挂在下面，这样学生看得也不是很方便。摆好后，他们的招聘人员就开始坐下玩手机，招聘效果可想而知。

因此进行招聘的时候一定要注意，尽可能地把带来的物品摆放得令人拿用方便一些。例如，易拉宝、展架、电脑、笔、简历信息表等。同时要让学生能够很清晰地看到信息，才能更好地弥补其他方面的不足。这其实就是换位思考，替别人着想，让对方一目了然，我们的信息就传达出去了。

二、专场校园招聘的展示方式

前期工作做好之后，人也吸引过来了，但是学生在那么多企业中，凭什么选择你的公司呢？又凭什么和你的公司签约呢？

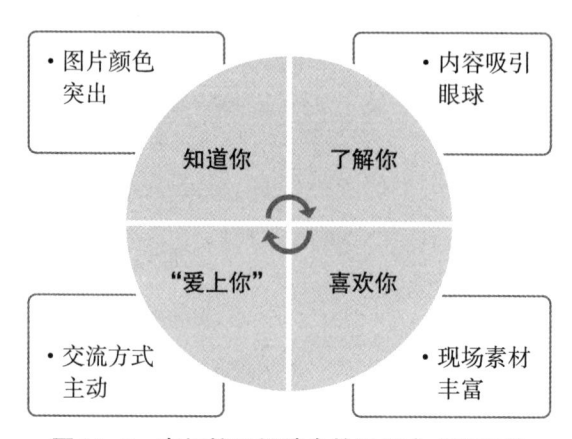

- 图片颜色突出（知道你）
- 内容吸引眼球（了解你）
- 交流方式主动（"爱上你"）
- 现场素材丰富（喜欢你）

图11-2 专场校园招聘会的展示方式和目的

（一）让人知道你

在招聘的过程中都是需要展架的，而一般展架的背景颜色以浅色的居多，如浅蓝色的、蓝色的。某次为了产生视觉冲击，笔者所在的公司就选择了充满科技感的黑色为背景色。

（二）让人了解你

某次制作展架时，当时热映的影片是《美国队长》，我们就把美国队长的形象印在了上面，目的就是吸引眼球，把学生们当成用户，从他们的角度去设计，让他们知道我们所要传达的信息，又足够引人入胜。因此，易拉宝要能够吸引眼球，要能够在一群企业中脱颖而出。还有对所要招聘的岗位的描述要有新意。笔者当时是这样描述的：因为当时要招聘区域销售，所以就叫"城市队长"。口号是"跟着队长干，干好当队长，自己带队长"。这时学生看到，他就会对公司产生兴趣。当时通过这样的话术和图片的强烈冲击，我们吸引了大量的学生前来咨询。

（三）让人喜欢你

当时，笔者准备的现场材料也很丰富。带着电脑，播放专门制作的公司宣传片，同时针对年轻人的特点——需要冲劲、需要狼性文化，又加入一首"追梦赤子心"的音乐，用来激发学生内心的共鸣。除此之外，学生的成长路径，我们也以图册的形式展示了出来。学生要什么我们有什么，这样，学生就会感到被重视，同时也看到了企业在招聘上的专业性。

（四）让人"爱上你"

不能守株待兔，要学会主动和学生沟通，让他们对公司有一个更深入的了解，逐步加深他们对公司的主观印象，进而促使其加入公司。

这样一个让人知道你、了解你、喜欢你、"爱上你"的过程其实就是营销的过程，在真实的校园招聘过程中，就是通过对企业的营销，让学生爱上企业，进而加入企业的这样一个过程。通过这样的方式进行校园招聘，效果究竟怎样呢？笔者曾经做过一个统计，数据显示，我们的招聘数量在各大院校基本都是前三名。

第 2 节

招聘中有效演绎

一、有效演绎方式

当公司没什么名气、待遇也不是太好的时候该怎么办呢？这时就需要在招聘过程中进行有效演绎了，确保招聘有效，具体有以下四点。

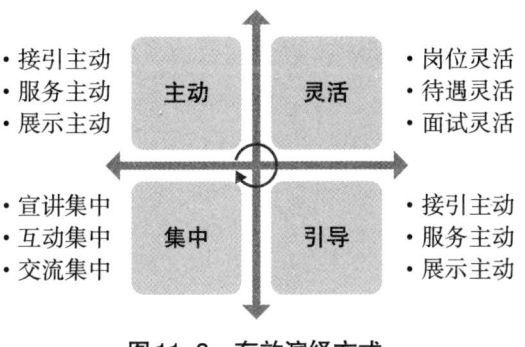

```
·接引主动        ·岗位灵活
·服务主动  主动  灵活  ·待遇灵活
·展示主动        ·面试灵活

·宣讲集中        ·接引主动
·互动集中  集中  引导  ·服务主动
·交流集中        ·展示主动
```

图 11-3　有效演绎方式

（一）主动

接引要主动。笔者某次参加招聘会的时候有三个人，一个负责讲解，一个负责面试，还有一个专门负责引流，这个人就相当于我们的销售人员，专门负责引流、发传单，让学生了解我们。三个人相互协助，如果 HR 部门没有那么多的人，怎么办？其实无论是专场招聘会也好，非专场招聘会也好，无非就是一个对企业进行营销的过程，这个时候，公司其他部门的人也可以过来帮忙，比如用人部门的同事进行招聘的时候，HR 就可以进行面试。这个时候主动和学生沟通，进行宣传，要设计一些话术，如："同学，你是不是在找工作？工作效果怎么样啊？想关注哪方面的内容？"嘘寒问暖，然后引导他来展位。

除了引流要主动，服务也要主动。不要自己大大咧咧地坐在那里，等着学生来。要主动与学生打招呼，全程面带微笑，如果学生没有带简历，可以主动给他一张简历表进行填写，同时要提供签字笔，提前把这些细节做到位，给对方以好感。

展示要主动。在交流的过程中，要不停地播放视频、PPT，介绍公司情况。这样的播放，能很好说明 HR 的介绍不是空口无凭。

这个时候有的学生就会问，他们到了公司之后能够做什么呢？这时除了 PPT 和视频，你可以运用图表，详细介绍他的成长空间。这样，他就会眼前一亮，瞬间引起兴趣，这个时候他会主动询问、填简历、面试，其他学生看到这边的情况，也会过来观看。这样，招聘效果就达到了。

（二）灵活

灵活是什么？岗位介绍要灵活，例如学生想做营销，而你要招聘的是销售，这时，你可以给他介绍营销和销售的相同之处，而且这些岗位不是固定的，是可以转变的。

在介绍薪资的时候也要注意灵活。如果学生想知道薪资，而公司的薪资不是很有优势，这个时候可以提年薪，学生听年薪和月薪时的想法是不一样的。如果他实在想知道月薪，你可以给一个大概的范围。

除了这两点，面试的过程也要灵活。如果面试的人不是很多，面试把控的时候就要多做一些细节、要暖一下场。如果面试人员很多，其他不忙的伙伴就也要协助面试。

面试的方式也可以灵活调整，如采用无领导小组进行面试等，总之，灵活的目的就是保证最终的招聘目的：把学生招进来。

（三）引导

引导就是接引时主动引导、服务时主动引导、展示时也要主动引导，给对方更好的体验。

这里需要一些话术。例如在接引的时候，怎么引导呢？主要是引导对方的需求关注点在哪里。如果对方的眼神在四处晃动，走来走去，每看一家时目光都不是很集中，当他走到你面前时就可以问一下："同学你好，是不是在找×××岗位？"

如果他不确定他要找的岗位，就可以跟他聊，例如，"销售岗位是很锻炼基础能力的，而且比较锻炼人，尤其是×××样的销售更加锻炼人，我们公司正在招聘这样的岗位，建议你过来看看"。

服务的引导也要注意，例如对方在填写信息表的时候，如有疑问，可以适当引导一下，如在填薪资时可以问："你的期望薪资是多少？3000元还是5000元？"这里很关键，可以引导出来他的真实需求，也可以避免他入职后因为薪资原因离职。

（四）集中

集中主要是为了提高效率，因为非专场招聘会不同于专场招聘会，是不能延迟的，一般都是2小时到3小时左右，黄金时间只有1个小时。

二、非专场招聘会的招聘过程注意事项

（一）放宣传片

人其实很容易被视觉信息吸引，就吸引力而言，视觉大于听觉，听

觉大于感觉。因此在播放宣传片的时候，可以一边播放，一边介绍，同时其他同事也可以帮忙面试。

（二）引流

在播放宣传片的时候也要注意引流的重点，曾经笔者在进行招聘的时候，就发现了一些不带简历，而且眼神涣散、勾肩搭背、说说笑笑的学生，这样的学生其实就没有引流的必要。有的时候，有的学生会向很多家单位投递简历，但是始终停留在现场观察层面，对这样的学生其实也可以进行引流。

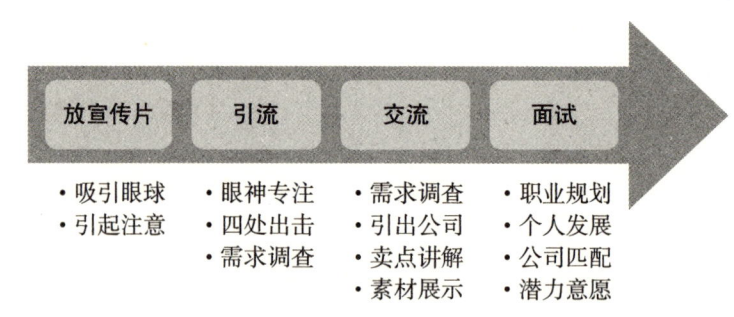

放宣传片	引流	交流	面试
· 吸引眼球 · 引起注意	· 眼神专注 · 四处出击 · 需求调查	· 需求调查 · 引出公司 · 卖点讲解 · 素材展示	· 职业规划 · 个人发展 · 公司匹配 · 潜力意愿

图11-4　非专而招聘会的过程及注意事项

（三）交流

传单不能乱发，如果满场的地面上都是我们公司的传单，会显得公司非常廉价。笔者某次进行招聘的时候，只有30多份传单，但有很多学生找我们要传单，于是笔者与他们进行了选择性沟通，也不是所有人都会得到传单。学生看到这种情况会很重视，会有一种自己被重视的感觉，因为不是所有人都会被这个公司选中。

（四）面试

学生社会经验不足，对自身的职业其实是很迷茫的。某次笔者校招时，发现有一个学生一直在我们身边转来转去，显得很不好意思，这个时候笔者就安排工作人员去和他交流。工作人员按照之前笔者设计好的话术和他说："同学，你是不是看不清楚我们展架上面的内容？如果看不清楚，可以往前面走走。"这个时候学生可能会说，"看得清楚"，这个时候工作人员应该怎么做呢？

可以这样和他沟通："我们那边的工作人员很忙，在这边可以先聊聊。我们的招聘情况你了解吗？我们正在招聘的是城市队长。"这个时候他就会产生好奇心。

其实面试就是这样，就是帮助学生进行职业规划、让他简要介绍个人发展情况、挖掘他的个人意愿并与公司的情况相匹配，最终双方达成协议的一个过程。

第 3 节

招聘后完美跟进

什么是招聘后的跟进，这里在前期的校园专场招聘会也有详细介绍，包括：电话确认、Offer 确认和建群维护。

一、电话确认

要注意一个细节：上午招聘会结束之后，不要急于和候选人联系，应该等待一段时间，不要让候选人感觉公司很缺人，而要给候选人营造一种公司不缺人的感觉，让他们珍惜这份工作。

二、Offer 确认

电话确认之后，就要进行 Offer 的确认。对方在跟你谈条件的时候，既不能过于强势，也不能一味让步，可以采取缓和的态度，以退为进。例如，对方想要 3500 元的薪资，但公司只有 3000 元的预算，这个时候就可以告诉他，想拿到 3500 元也不是不可能，只要达到一定的标准，就可以拿到这个薪资，具体的转变还要灵活控制。

三、建群维护

即把已经确立关系的学生拉进群里进行维护，也可以把一些当初因为到岗时间没有及时录取的人放在群里，因为后期这些人还是有可能会被录取的。

> 综上所述，为了做好专场校园招聘会，需要注意以下几点：
>
> 1. 招聘前要精心选择、设计位置，合理划分时间、突出公司信息的展示。
>
> 2. 通过营销的手段进行展示，让学生知道你、了解你、喜欢你、"爱上你"，充分从学生的角度出发设计展示。
>
> 3. 招聘中要注意主动、灵活、引导、集中几个关键点。
>
> 4. 面试时注意对学生的职业规划和个人发展进行分析，让他觉得你是真的在为他考虑。
>
> 5. 招聘后要通过电话确认、Offer 确认、建群维护几个方式进行跟进。

第十二章

"95 后"实习生人才保留的实操技巧

第十二章 "95后"实习生人才保留的实操技巧

前面三章详细讲述了校园招聘的过程细节，但是当辛辛苦苦把人招过来后，这些学生可能在入职一周、一个月、三个月甚至一年之后就离职了。尤其是在入职一个月到两个月和一年后离职的学生，会给企业造成很大的损失。

即使没有离职，他们入职之后也会经常出现与老员工的碰撞，以及和上级主管等的磨合碰撞，又或者是不服"管教"等，这些或多或少都会给企业带来一定损失。针对学生在这个过程中出现的这些问题，本章将给予详细解答——如何破解"95后"实习生的高离职率。

第 1 节

实习生的特点

针对招聘入职的学生，在他们入职之初，企业就要考虑如何育好人、用好人。那么首先就要了解他们，"95 后"的特点可以归为 7 类。

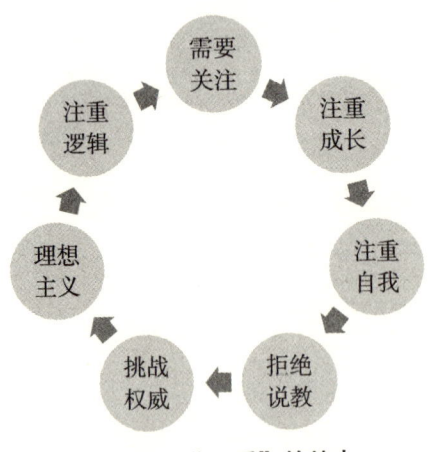

图 12-1 "95 后"的特点

一、需要关注

"90 后"和"95 后"还是有差异的。笔者在做校招的时候，曾经将"90 后"的例子用在"95 后"以及"00 后"身上，发现很不恰当。例如，现在的"95 后"喜欢被关注，包括宿舍、环境等一些小细节，他们是很重视的。所以这里就需要招聘官注意这些小细节，虽然这些花不了多少钱，但是需要花费心思去做、去准备，这会让他们觉得公司对自己很重视，他们对这个公司就会比较感兴趣。

二、注重成长

"95后"基本上不存在温饱问题，大部分过的甚至是小康生活，因此大部分学生对成长的关注超越了对物质的关注，当然，对物质的关注度也不低。因此，这些学生在问问题的时候更关注自身的职业成长，以及在企业能获得的技能、知识等。

三、注重自我

"95后"不喜欢被别人干涉，他们更喜欢自己当家做主，相信与"95后"打过交道的HR都有切身体会。

四、拒绝说教

这里就是说这些"95后"不喜欢被"洗脑"。曾经有一家保健品企业，他们的主要消费人群是中老年妇女，虽然没有说的那么厉害，但对身体多多少少还是有帮助的。当时笔者就咨询了他们的一个客户经理："你们的客户群体中年轻人多吗？"当时销售经理的回复就是："不多。"当时笔者就告诉他，你们的宣讲也好、"鸡血"也罢，他们根本就不感兴趣。因为这些"95后"从小见多识广，而且现在的教育方式也是偏向思维逻辑教育，因此"95后"更喜欢被引导，而不是被说教。

五、挑战权威

"95后"不迷信权威，而相信自己的主观判断。如果他们认为你的辉煌不是他们想要的、你不是他们喜欢的，他们就不会过多地关注你。他们在工作中，不仅不会被权威触动，有的时候甚至会挑战权威。

六、理想主义

"95 后"大多喜欢"仰望星空",而不能"脚踏实地"。其实这里不单单是"95 后",每一代新人身上都有这种情况:理想很丰满,现实很骨感,他们在学校学了很多东西,准备在社会上大展拳脚,结果现实生活却是一地鸡毛。

七、注重逻辑

"95 后"讨厌硬性强加,而喜欢循序渐进。当你想给他们传输一个理念的时候,更需要引导式的传输、引发他们的思考,即让他们通过自身的体验以及逻辑去自己分析,比起灌输,这种分析对他们会更有效。

综上,就是当代"95 后"的特点。因此,在进行"95 后"培养的过程中应更多地因材施教,根据学员的特点,有针对性地进行课程设计,并用合适的方法引导,激发他们的欲望,这样也能更好地保证他们在企业的长远发展,与企业共赢。

第 2 节

四阶段留住"95后"实习生

基于"95后"的特点，在了解了他们的性格特点之后，就要谈及如何留住"95后"实习生了。

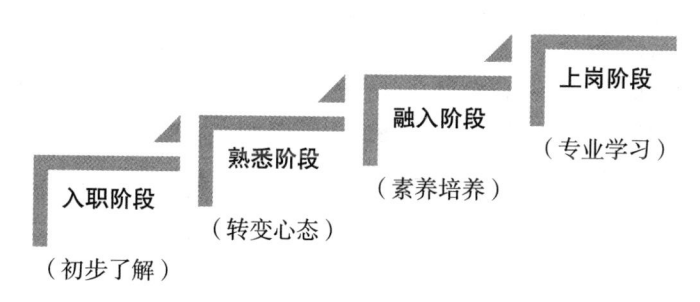

图12-2　留住"95后"

（入职阶段（初步了解）→ 熟悉阶段（转变心态）→ 融入阶段（素养培养）→ 上岗阶段（专业学习））

一、入职阶段

初步让他了解自身的情况以及他身边的人，给他一个对企业、对身边的人熟悉的过程。

二、熟悉阶段

逐渐转变他的心态，从学生心态转变为职场人的心态，产生角色觉醒。这个阶段的引导是非常关键的，如果这个阶段没有引导好，轻者引起离职潮，重者甚至会引起他们与公司的强烈对抗。

三、融入阶段

在培养的过程中，企业经常会大量地进行技能培训，有的甚至会进行高强度的专业技术培训，这其实是很危险的。因为这些学生初入社会，很多素质都不具备或者不能很好地掌握，这个时候如果进行过于专业的技术培训，对他们后期的自我学习、自我管理都不利。

他们可能缺乏时间管理能力、高效自律能力以及问题分析与解决的能力，等等。他们初入社会，思维模式还停留在学生时代，他们并不能像我们的员工或者管理者一样对企业持高度认可的态度，或者把企业当成自己的家。因此在这个阶段，应该先培养他们的职业素养，上一些"情商课"，例如职场礼仪、职场待人接物，以及沟通的能力、问题分析与解决的能力、自我反省、自我定位的能力等。这些都是非常关键的，它们不但可以激发他们的兴趣，还可以提升他们自身的职业素养，用一句俗话讲就是：磨刀不误砍柴工。

四、上岗阶段

当学生们具备了相应的职业素养之后，就可以开始专业技能的培训。企业的规模不是很大，也没有那么多的精力去培养专业素养，那么这个时候，我们就可以把上岗阶段和融入阶段相互结合，但是这个职业素养的培训在整个对"95后"的培养过程中是必不可少的。

下面以笔者之前遇到的一个典型咨询案例为例，为大家详细介绍一下上述技巧的核心。

案例智库

培训对象：从普通本科院校招聘来的、背景一般、能力也不是很强的学生。做校招的伙伴可以注意一下，当企业的规模不是很大、知名度也不是很高的时候，可以用差不多的待遇招聘一些三流大学的一流学生，其实这些学生的潜力还是非常不错的。

培训目标： 培养这批大学生成为工程技术人员和销售人员。

企业背景： 一家快速发展的企业，自主研发设计和多元化发展的制造型企业。

基于快速发展的战略规划，笔者为该公司设计了以下方案。

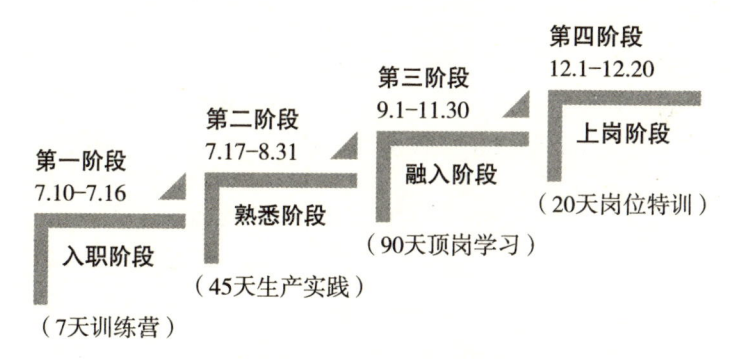

图12-3　培训方案四阶段

方案设计的目的：

·基于学生成长的规律。

·基于公司业务发展的需要。在第二阶段，学生可以替代一些一线工人的缺位，在进行第三阶段时还可以替代一些助理工程师的缺位。

方案设计的原因：

一方面，这种培养方式可以节约公司成本，另一方面，也结合了公司的发展规划与人力资源规划进行了综合考量。所以在做培训的过程中也要结合各自公司的实际情况进行参考。

表 12-1　第一阶段：七天训练营（7月10日、11日）

项目阶段	日期	时间	内容	时长	目的	输出资料	执行人
集训阶段（7天）	7月10日	8:10-8:50	签到入场	—	引领入厂，教室安排		工作组
		9:00-10:00	破冰	2h	团队破冰团队组建训练营纪律宣布，规则讲解训练营军令状签订	"军令状"	拓展教练
		10:00-11:00	公司简介/发展历程/组织架构	1h	了解公司		HRD
		11:00-12:00	实习生的方向和定位	1h	让实习生了解在实习期间的工作定位		公司高层
		12:00-13:00	午餐 & 休息			
		13:00-14:00	新员工入职须知	1h	员工手册，行为规范，后勤服务流程		HR
		14:00-15:30	公司市场趋势与业务发展	1.5h	了解市场		销售
		15:30-17:00	公司研发技术的现状及发展	1.5h	了解技术		研发
		17:00-17:30	导师见面会	0.5h	各导师与学员认识		导师

续表

项目阶段	日期	时间	内容	时长	目的	输出资料	执行人
集训阶段（7天）	7月11日	6:00-7:00	野外跑步及活动	1h	熟悉周边环境及锻炼意志		教官
		7:00-8:00	早餐&休息				
		8:00-12:00	工厂参观&实战（导师指导或提供资源）(A单元、B单元)	4h	了解公司工艺流程知识和岗位		导师
		12:00-13:00	午餐&休息				
		13:00-14:00	军事基础训练（行走坐立转）	1h	实习生之间互相了解及意志锻炼		教官
		14:00-17:00	拓展训练（卡牌风云）	3h	团队内执行力		拓展教练

从上表可以看出，第一阶段包含了军训、公司高管宣讲、公司参观、观看励志电影等，之所以这样设计有两个原因。

第一，实现学生对公司的基础了解，将公司好的一面展现在学生面前。

第二，让学生体验和认识到，要想有好的结果，就需要脚踏实地地学习。此处并没有进行说教，而是通过这些活动让学生思考，既给他希望，又给他方法。

第一阶段更侧重"给希望"，整个7天的培训目的就是给他们一个希望，让他们意识到，只有努力才能实现目标，而且这个目标是他们给自己设定的目标，而不是公司强制要求的。

表12-2　第一阶段：七天训练营（7月12日、13日）

项目阶段	日期	时间	内容	时长	目的	输出资料	执行人
集训阶段（7天）	7月12日	6:00-7:00	野外跑步及活动	1h	熟悉周边环境及锻炼意志		教官
		7:00-8:00	早餐 & 休息				
		8:00-12:00	工厂参观 & 实战（导师指导或提供资源）（C单元）总结实战课题报告	4h	了解公司工艺流程知识和岗位		导师
		12:00-13:00	午餐 & 休息				
		13:00-14:00	军事基础训练（行走坐立转）	1h	实习生之间互相了解及意志锻炼		教官
		14:00-17:00	拓展训练（七巧板）	3h	体验沟通、团队合作、信息共享、资源配置、高效思维、科学决策等主题，系统整合		拓展教练
		17:00-18:00	晚餐 & 休息				
集训阶段（7天）	7月13日	6:00-7:00	野外跑步及活动	1h	熟悉周边环境及锻炼意志		教官
		7:00-8:00	早餐 & 休息				
		8:00-10:00	高层勉励	2h	让实习生感到被重视		公司高层

续表

项目阶段	日期	时间	内容	时长	目的	输出资料	执行人
集训阶段（7天）	7月13日	10:00-12:00	"从学校到社会"	2h	实习生角色和心态转变		老师
		12:00-13:00	午餐&休息				
		13:00-14:00	军事基础训练（行走坐立转）	1h	实习生之间互相了解及意志锻炼		教官
		14:00-17:00	拓展训练（呼吸的力量）	3h	分工协作		拓展教练
		17:00-18:00	晚餐&休息				
		18:00-24:00	拓展训练（城市求生）	6h	突破自我，销售意识，结果导向，团队合作		拓展教练

在进行上述企业介绍的时候要注意：

·介绍公司的人对企业文化一定要非常理解，并且讲话要非常有激情。

·其他具体的课程设计，如活动、看电影、上课等也要合理设置。一方面要让学生学习到知识，另一方面也要防止课程枯燥。

·有些公司会安排一整天的厂区参观，这里也是要注意的，可以穿插一些其他内容，避免让培训变得枯燥乏味。

表 12-3　第一阶段：七天训练营（7月14日、15日）

项目阶段	日期	时间	内容	时长	目的	输出资料	执行人
集训阶段（7天）	7月14日	6:00-7:00	拓展训练（城市求生）	1h	进行中		拓展教练
		7:00-8:00	早餐 & 休息				
		8:00-10:00	拓展训练（城市求生）	2h	进行中		拓展教练
		10:10-12:00	拓展训练（城市求生）	2h	项目总结		拓展教练
		12:00-13:00	午餐 & 休息				
		13:00-14:00	"如何快速成长"	1h	让实习生掌握快速学习的方法		老师
		14:00-17:00	"如何做好工作总结"	3h	让实习生掌握做好工作总结的方法		老师
	7月15日	6:00-7:00	野外跑步及活动	1h	熟悉周边环境及锻炼意志		教官
		8:00-10:00	拓展训练（领袖风采）	2h	体验团队中换位思考及角色定位、使成员充分认识责任和义务、培养承担责任的意识		拓展教练
		10:10-12:00	观影《当幸福来敲门》	2h	激励实习生		培训负责人
		12:00-13:00	午餐 & 休息				
		13:00-17:00	自由活动	4h	整理思路写工作总结	"个人实习总结"	培训负责人
		17:00-18:00	晚餐 & 休息				
		18:00-20:00	入职阶段总结会议	2h	评估实习生第一周表现，下阶段计划安排	"第一阶段实习考核结果"	培训负责人

无论是做工作，还是做培训，都要进行阶段性盘点，这样也可以确保工作的顺利推进，并及时改正问题。

第一阶段以心态调整和引导学习为重心

· 该阶段需要在一开始选出各小组组长，负责本小组的日常管理协调工作。

· 该阶段的评委由三部分组成：课程教师（含教官）、实习小组组长、导师团、所有分数最终由项目负责人汇总整理公布。

· 培训负责人需要在培训期间关注学员的异常，做好员工关怀工作，并在周末盘点整体状况，向上级汇报。

我们可以选出小组长，这既保证了学生的参与感，也增加了学生的参与感：自从踏入职场，他就开始在企业里任职了。同时通过小组长的管理表现，我们也能选拔出一些有潜力的人。

盘点阶段的评委首先是军训期间的教官或课程老师，其次是小组组长，最后是导师团，即后续分到各单位"师带徒"的导师。

但是最后的分数汇总是由项目负责人来进行控制的，而且这个项目负责人是 HR。为什么要由 HR 来负责做项目负责人？

因为如果不是 HR 来负责，后续的分数很有可能失控。例如，如果用人部门选出来的人 HR 不认可，而 HR 又没有权力去调控，这些人就不会听从 HR 的调度，HR 就没有话语权。

这里要注意一点就是，培训负责人要定期或不定期地做好对学员异常的关注。在这个过程中除了要对这些学生进行员工关怀和职业规划，还要跟上级进行汇报。一方面针对不能解决的问题和上级进行沟通请教，另一方面也及时将工作进度按期回报，同时也可以从上级那里得到一些资源。假如不及时和上级进行汇报，就会造成上级管理失控，一旦出了差错，就没有人可以替你挽回，你就会莫名其妙地"背黑锅"。

因此 HR 要及时跟进学员的情况，同时要注意把控决策权，将职业素养与员工入职后的生活合理并有趣地开展起来，及时和上级沟通汇报，确保前期工作的顺利开展。要给学生营造一种相对公平的体验，即公司不是一言堂，除了企业的评判还有他们"自己人"进行打分，避免学生觉得被过度控制，让他们充分发挥主观能动性。

表12-4　第二阶段：45天生产实践

项目阶段	日期	时间	内容	时长	目的	输出资料	执行人
实践阶段（45天）	整个45天	每周一至周五	现场轮岗学习	30天	现场各部门岗位观察及操作		导师团
	第2周	周末全天	"职业规划"	6h	个人职业规划及学习行动计划	"职业学习行动计划"	老师
	第3周	周末下午	观影&活动	2h	励志电影、互动活动	"观后行动改善计划"	培训负责人
	第4周	周末全天	"问题分析解决"	6h	掌握问题分析与解决的技巧	"课后实践作业"	老师
	第5周	周末下午	"问题分析解决"案例分析	3h	各学员案例分析及总结	"作业评比结果"	导师
	8月16-17日	全天	拓展训练（主题：成长的过程）	16h	生产实践期间心态的调整及总结		老师
	8月31日	18:00-21:00	实际阶段总结会议	3h	轮岗学习总结考评，下阶段实习计划安排	"个人实习总结""第二阶段实习考核结果"	培训负责人

可以看到生产实践是按周进行的，而不是精确到天。在后期运用的过程中要做好评估，不要让学生在一个岗位上待的时间过长或者过短。如果学生们会带着问题学习，30天的时间足矣。

当前期的现场学习完成之后，后面的两周就有主题了，从上表可以看出，当学生的学习告一段落后，可以生成个人的"职业规划"和"学习行动计划表"。而后面的观影活动也是根据培训内容，为了引起学生思考安排的。

前面 30 天的目的是现场学习轮岗，后面两周的目的是使他们具备问题分析与解决的素养，让他们在后期带着问题学习，带着他的课后实习作业切入。

前 30 天的学习完成之后是比较累的，因此在 16 号开始了一个拓展训练，同时也可以鼓舞士气。

当这些完成之后，就要让他们带着问题分析与解决的思路去完善他们的作业，同时整理他们第二阶段的学习计划与工作总结。

第二阶段以耐心和核心基础素养（包括自省、学习力等）为重心

· 该阶段的所有评比活动，由培训负责人对接各实习小组组长，实习小组组长参与结果的评比，但是不能对自己打分，同时由组织人引导，激发学员参与感。

· 评委由四部分组成：课程老师、导师团、实习小组组长、实习现场干部。所有分数最终由项目负责人汇总整理公布。

· 培训负责人需要关注学员异常，做好员工关怀工作，并每周盘点整体状况，向上级汇报。

表 12-5　第三阶段：90 天定岗实习

项目阶段	日期	时间	内容	时长	目的	输出资料	执行人
定岗阶段（90天）	第 9 周	周末下午	实习部门基础情况	4h	学习实习部门基础知识	"课后实践作业"	内部讲师
	第 10 周	周末晚上	上次课程作业评比	3h	对上次课程作业进行评比总结	"作业评比结果"	导师
		周末全天	"教练技术"	6h	提升导师及内部讲师的教导能力		老师

续表

项目阶段	日期	时间	内容	时长	目的	输出资料	执行人
定岗阶段（90天）	第11周	周末晚上	观影	3h	励志电影	"观后行动改善计划"	培训负责人
	9月29日	18:00-20:00	中秋&国庆晚会（学生策划实施）	2h	员工关系		培训负责人
	第13周	周末全天	"时间管理"	6h	时间管理的目录、原则、方法、技巧	"课后实践作业"	老师
	第14周	周末下午	"时间管理"案例分析	3h	各学员案例分析及总结	"作业评比结果"	导师
	第15周	周末全天	"有效沟通"	6h	有效沟通的目的、原则、方法、技巧	"课后实践作业"	老师
	第16周	周末下午	"有效沟通"案例分析	3h	各学员案例分析及总结	"作业评比结果"	导师
		周末全天	"TTT之课程开发及设计"	6h	提升内训师的课程开发和流程设计能力	"本部门岗位培训课件"	老师
	第17周	周末全天	"QCC"	6h	品管圈开展目的、原则、方法、流程	"课题实践"	老师
	第18周	周末下午	《高效能人士七个习惯》拆书活动	3h	员工职业素养提升	"行动改善计划"	实习生各组组长
		周末全天	"TTT技巧"	6h	提升内训师的授课技巧及内训师认证	"本部门岗位培训课件"	老师

续表

项目阶段	日期	时间	内容	时长	目的	输出资料	执行人
定岗阶段（90天）	第19周	周末下午	《高效能人士七个习惯》实践总结	3h	对上次学习实践的盘点的评比	"实践评比结果"	实习生各组组长
	11月30日	18:00-20:00	开展工作阶段总结评论	2h	各组"QCC"成果发表与评比本阶段实习期总结，实习生能力评鉴	"第三阶段实习考核结束"	培训负责人

90天的定岗实习，就是给学生分配具体的岗位，学习部门内部的基础知识，但是每一次学习都要有结果，要输出相应的行动计划与作业改善。如果只学不输出，学习是很难得到优化的。

学习了基础知识后，就可以在部门学习基础岗位技能，例如销售岗位做报价、整理文档，或者跟着销售代表拜访客户等，也就是任职资格中的初级工作。这种工作做一两周即可，如果做的时间长了，他们就会产生质疑，如果这个认知问题不在此时化解，后期将会造成离职潮。

怎么化解呢？这个时候职业素养的课程就起到了作用：如果要成为职场精英，就需要倒推，你需要掌握哪些技能？要掌握这些技能就需要细分掌握哪些细节？并把这些细节进行再细化、再量化、明确化，设定好相应的标准，设定好相应的学习工作行动计划，让学生明白要成为一个职场精英，就需要一步步脚踏实地，让他发现他现在做的事情虽然琐碎，但是却非常重要，也正是这些琐碎的事情，一步步铸就了他在工作中的成长。

第三阶段以实战能力和职业素养培养为重心

·在评比中，导师应更多采用教练的方式，寓教于"做"，引导学员自己组织评比，激发学员的参与感，确保大家更加充分地掌握技能，同时认同结果。

·评委由四部分组成：课程老师、导师团、所有学员、部门主管。

所有分数最终由项目负责人汇总整理公布。

- 建议每 15 人至 16 人为一大组进行评比，保证点评和组织效果。
- 培训负责人需要关注学员异常，做好员工关怀工作，并每周盘点整体状况，向上级汇报。
- QCC 课题是学员综合能力检验课题，其间，培训负责人和相关导师应紧密配合课程老师，一起做好培训辅导和跟进工作。

在整个培训过程中，这个阶段是至关重要的，因为往往在这个阶段学生们会感觉自己每天都是在做打杂的工作。要定期盘点，让学生们明白做这些基础工作的目的其实就是根据他自身的学习行动计划表逐步改善，同时在盘点的过程中，也能使他们逐步提升自己的荣誉感。在培养学生的工作中，HR 们也可以提升内训师的水平。

当学生们逐步的完善自己之后，可能会相应给公司提出一些良好建议，一方面会增加荣誉感，另一方面也会给公司的老员工一定的震慑。一方面使学生获得老员工的认可，另一方面也可以获得成就感。当然了，HR 招来了这群学生，并把他们培养成功，相应地，HR 也会获得组织的认可与领导的重视。

表 12-6　第四阶段：20 天岗位实习

日期	时间	内容	时长	目的	输出资料	执行人
第 20-22 周	每周三晚上	实习部门岗位专业课程	2h	学习部门岗位专业知识	"课后实践作业"	内部讲师
	每周六晚上	实习部门岗位专业课程作业总结	2h	对上次学习实践的盘点和评比	"作业评比结果"	导师
12 月 20 日	18:00-20:00	整个项目阶段总结	2h	整个实习期总结，考核结果公布，分配岗位表彰先进导师，优秀内训师	"全阶段实习考核结果" "先进导师/内训师名单"	培训负责人

由于前期学员已经切入了部门的专业知识和专业技能，因此这个阶段相当于对前三个阶段的集中特训。也就是每周有两天的时间进行更系统的、对部门专业知识的讲授与经验总结，然后再进行课后作业的评比，最后就是整个项目的总结。

第四阶段以岗位专业技能训练为重心

· 每周的两次课程，一次是理论，另一次是作业演练评比，课题相同。

· 该阶段的学习由学生自主报名，培训负责人择优筛选，在上个课题中综合表现欠佳的学生不予参加下次课题学习的机会。

· 分配岗位时，参照整个实习考核的结果。

· 最后阶段，对辅导进行评比，表彰先进导师、优秀内训师。

在进行整个项目的盘点总结时，不但要表扬优秀的学员，还要表扬优秀的导师。我们要做好对学员的激励，也要做好对导师的激励。

综上所述，为了做好"95后"的人才保留，需要注意以下几点：

1. 对"95后"更需要用合适的方法引导，挖掘需求、激发他们的欲望，而非直接说教。

2. 对"95后"的"留"，类似于培训。

3. 对"95后"的培养更多地是让学员们感受到公司是以他们为中心的。

4. 企业帮助他们成长，其实就是通过对学生的培养，达到企业与学生的共赢，这样才能更好地以培代管，确保"95后"实现高留职率、易管理、成长快、产出高。

作业练习：

知道不是得到，做到才能得到。为了真正掌握招聘与配置各项工作的实施方法，请扫描下方二维码，获取配套练习作业。

附录1：人力资源学徒六级和高手九段划分表

学徒六级和高手九段划分表：学徒六级

等级	职位实力 职务	职位实力 实力	年收入（元）（一线城市）
6级	大型企业模块主管	千人集团公司HR模块主管	12-15万
	中型企业HRS	百人公司HR主管	
5级	大型企业模块专员	千人集团公司HR模块专员	10-12万
	中型企业模块经理	百人公司HR模块经理	
	小型企业HRM	少于百人公司HRM	
4级	中型企业模块主管	百人公司HR模块主管	8-10万
	小型企业HRS	少于百人公司HRM	
3级	大型企业模块助理	千人集团公司HR模块助理	6-8万
	中型企业模块专员	百人公司HR模块专员	
2级	大型企业实习生	千人集团公司HR实习生	5-6万
	中型企业模块助理	百人公司HR模块助理	
	小型企业专员	少于百人公司HR专员	
1级	中型企业实习生	百人公司HR实习生	5万以下
	小型企业助理	少于百人公司HR助理	

学徒六级和高手九级段划分表：高手九段

等级	职位实力 职务	职位实力 实力	年收入（元）（一线城市）
一段	大型企业模块经理	千人集团公司HR模块经理	15-20万
	中型企业HRM	百人公司HRM	
	小型企业HRD	少于百人公司HRD	

续表

等级	职位实力		年收入（元）（一线城市）
	职务	实力	
二段	大型企业 HRM	千人集团公司 HRM	20-30 万
	中型企业 HRD	百人公司 HRD	
	小型企业 HRVP	少于百人公司 HR 决策者	
三段	大型企业 HRD	千人集团公司 HRD	30-50 万
	中型企业 HRVP	百人公司 HR 决策者	
	专业 HR 模块咨询师/讲师	合格人力单模块咨询顾问/讲师	
四段	千亿集团模块总监	国内顶级企业 HR 模块总监	50-100 万
	大型企业 HRVP	千人集团公司 HR 决策者	
	专业 HR 全盘咨询师/讲师	合格人力全模块咨询顾问/讲师	
五段	千亿集团 HRD	国内顶级企业 HRD	100-300 万
	百亿集团 HRVP	行业名企 HR 决策者	
	人力操作方法论创立者	专家级人力管理咨询顾问	
六段	千亿集团 HRVP	国内顶级企业 HR 决策者	300-500 万
	百亿集团创始 CHO	行业名企初代 HR 负责人	
	管理操作方法论创立者	专家级管理咨询顾问	
七段	百亿集团创始人	行业名企创始人	千万
	千亿集团创始 CHO	国内顶级企业初代 HR 负责人	
	人力底层方法论创立者	国内顶级人力管理专家	
八段	千亿集团创始人	国内顶级企业创始人	上亿
	万亿集团创始 CHO	世界顶级企业初代 HR 负责人	
	管理底层方法论创立者	国内顶级管理学大师	
九段	万亿集团创始人	世界顶级企业创始人	10 亿+
	管理底层逻辑创立者	世界顶级管理学宗师	
	人力底层逻辑创立者	世界顶级人力管理宗师	

备注：

创始人，指的是凭借个人能力，在资源匮乏的时候，带领组织从小到大发展起来的组织最高负责人。

创始 CHO，指的是凭借个人能力，作为 HR 一把手，支撑组织从小到大发展起来的人力资源负责人。

宗师，指的是整套完善体系的开创者。

大师，指的是基于完善体系的整套底层方法论的开创者。

专家，指的是底层方法论的开创者。

专家级顾问，指的是方法论的开创者。

顾问，指的是操作技巧工具的开创者。

附录2：人力资源——招聘与配置技能评鉴表

招聘与配置技能评鉴表

类别	NO.	项目	1分（几乎不会）	2分（能独立操作）	3分（熟练运用）	4分（非常熟练/处能理疑难杂症）	5分（精通/无所不能）	现状分值	目标分值
招聘与配置	1	工作分析							
	2	岗位说明书制定							
	3	任职资格要求制定							
	4	评估岗位招聘需求							
	5	招聘渠道开发							
	6	筛选简历							
	7	电话邀约技巧							
	8	面试活动组织							
	9	面试甄选能力							
	10	薪资谈判技巧							
	11	招聘方案制订与实施							
	12	招聘计划制订							
	13	招聘制度设计							
	14	招聘体系搭建							
	15	高端人才猎聘							

后　记　人力资源学徒九级和高手十段

评估一个人的实际能力，不能仅看职务名称叫什么，还要看具体的岗位工作承担了什么职责，行使了什么权力。基于这个逻辑，许多公司的创始老板其实才是本组织内部的 HR 最高管理者，整个组织的选、育、用、留的最终决策，都是老板在规划实施。

这也就是我们经常提及的一个概念，老板永远是企业里的 HR 最高管理者。延伸到组织，他就是组织的最高决策者，永远是组织的人力资源最高管理者。

名词解释：

人力资源从业者的三个层级，六类核心技能

高端技能（经营技能）：基于战略规划，运营管理的人力规划技能。

如：组织顶层设计，商业模式设计，运营模式设计，资本规划，产品规划，人脉规划，资源规划，人力规划等。

中端技能（管理技能）：基于项目推动，团队管理的人力管理技能。

如：运营落地，项目落地，业务支撑，内部管理，跨部门管理，人力分解等。

基础技能（执行技能）：基于传统专业，自我管理的人力实施技能。

如：HR 六大模块实施，职业定位，时间管理，高效执行，学习技巧，问题分析与解决，高效自律，有效沟通等。

人力资源从业者的四类研究

体系化的人力资源底层逻辑；

匹配底层逻辑的指导方法论（底层方法论）；

匹配底层方法论的操作技巧（SOP）；

承载操作技巧的工具模型。

人力资源从业者的两大层级

HR 学徒：登堂入室前的人力资源从业者。

HR 高手：登堂入室后的人力资源从业者。

学徒级别：无论头衔，实际操作中，仍以执行为主，似懂非懂做人力资源——**技能化**。

这个级别的 HR，对于 HR 处于一知半解状态，总感觉能抓住一点，却又总是抓不住，内心很容易焦虑，喜欢模仿工具模型，考取证书，疯狂看书，尽量使自己"专业点"。

遗憾的是，从行为和结果来看，目前国内大多数 HR 处于这个阶段；当然，这是客观条件导致的，与中国市场经济发展阶段和人力资源整体的发展有关系，后面会有解析。

不少老一辈的人力资源经理和总监，更多是从人事经理总监直接"硬着陆"变成的。时代变了，但是由于不少老一辈企业家和高管固有的思维没变，导致名不副实的人力经理总监在许多企业大面积存在。"老"经理和"老"总监们无论是思维上，还是职权上，还停留在传统人事行政上，对于人力资源更多是一知半解。

改变是痛苦的，尤其是思维的改变更痛苦，这一条就拦住了大部分老一辈 HR 经理总监的改变之路。更何况许多"老"人力经理总监，已经 35 岁 + 了，在现有企业暂时还能"混"的下去，混得还不错，短期看，改变需要承担巨大的痛苦和风险，那就更没有必要去改变了。

这些都是造成国内学徒级别的 HR 比例过大的一些因素。

一段高手到三段高手：站在人力资源做人力资源——**技术化**。

这个段位的 HR 有了一技之长，踏入了专业的门槛，能够逐渐开始协助企业的运营，具备一些环境下的实践成功结果。但是，喜欢把一切都往 HR 上套，易过度"神化" HR 的作用，将 HR 凌驾于所有之上，看不起其他管理者。

市面上大多 HR 讲师在这个阶段。

四段高手到六段高手：跳出人力资源做人力资源——**管理化**。

这个段位的 HR 小有所成，对运营已经很熟练，能够逐渐开始协助公司的经营，具有自己独立的理论知识见解，和丰富的标准化实践成功结果。但是他们会逐渐自满，容易认为自己的认知是"最牛的"，看不起其他 HR，凡事都喜欢上去争个输赢，证明自己是最对的那个，喜欢"求同"，却不喜欢"存异"。

市面上大多 HR 咨询师在这个阶段。

七段高手到九段高手：都是人力资源——**艺术化**。

这个段位的 HR 逐渐大成，无论是运营管理还是市场业务都非常纯熟，甚至可以独立经营公司，而且有了自己完善的标准化知识技能体系，能在不同环境下批量复制成功实践，重新认识到 HR 的无所不能，人类的一切行为都是 HR，也开始重新认识到了 HR 的博大精深，高手如云，自己的体系不过仅仅是众多 HR 高手的一种合理存在的派系。

这个阶段的 HR 如非特殊需要，基本处在"隐身"状态，很少出现在公众视野里。因此你很少看见华为，阿里，腾讯，福耀，万科，富士康，碧桂园，美的，海尔，格力，小米，吉利等顶级企业真正的 HR 一把手们经常活跃在公众视野。活跃在公众视野的基本都是 HR 部门十名以外的，或者事业部，子公司的 VP，甚至总监。

不过，九段高手的光芒太盛，就算自己想隐藏，也会被媒体曝光。

十段高手：一切都是资源——**自然化**。

这个段位的 HR，已经与 HR 彻底融为一体，到处都是 HR，到处又没有 HR，像呼吸一样，一切都是顺其自然！

这个阶段的 HR，树欲静而风不止，就像黑夜中的月亮一样耀眼，难以掩藏光芒。

图书在版编目（CIP）数据

HR招聘技能实操全案：中小企业HR如何做好招聘配置 / 瓮春春，王珊珊，冯雪美著．—北京：中国法制出版社，2021.6

（百习而见商学院系列 / 瓮春春主编）

ISBN 978-7-5216-1916-4

Ⅰ.①H… Ⅱ.①瓮…②王…③冯… Ⅲ.①中小企业—企业管理—人才—招聘 Ⅳ.①F276.3

中国版本图书馆CIP数据核字（2021）第103363号

策划编辑：郭会娟

责任编辑：郭会娟　　　　　　　　　　　　　　封面设计：汪要军

HR招聘技能实操全案：中小企业HR如何做好招聘配置

HR ZHAOPIN JINENG SHICAO QUAN'AN: ZHONG-XIAO QIYE HR RUHE ZUOHAO ZHAOPIN PEIZHI

著者 / 瓮春春　王珊珊　冯雪美

经销 / 新华书店

印刷 / 三河市国英印务有限公司

开本 / 710毫米×1000毫米　16开　　　　　　印张 / 16.25　字数 / 216千

版次 / 2021年6月第1版　　　　　　　　　　　2021年6月第1次印刷

中国法制出版社出版

书号 ISBN 978-7-5216-1916-4　　　　　　　　定价：56.00元

北京西单横二条2号　邮政编码100031　　　　　传真：010-66031119

网址：http://www.zgfzs.com　　　　　　　　　编辑部电话：010-66038703

市场营销部电话：010-66033393　　　　　　　邮购部电话：010-66033288

（如有印装质量问题，请与本社印务部联系调换。电话：010-66032926）